La Ilustración

Una guía apasionante de un periodo de disertación científica, política y filosófica de la historia europea

© Copyright 2024

Todos los derechos reservados. Ninguna parte de este libro puede ser reproducida de ninguna forma sin el permiso escrito del autor. Los revisores pueden citar breves pasajes en las reseñas.

Descargo de responsabilidad: Ninguna parte de esta publicación puede ser reproducida o transmitida de ninguna forma o por ningún medio, mecánico o electrónico, incluyendo fotocopias o grabaciones, o por ningún sistema de almacenamiento y recuperación de información, o transmitida por correo electrónico sin permiso escrito del editor.

Si bien se ha hecho todo lo posible por verificar la información proporcionada en esta publicación, ni el autor ni el editor asumen responsabilidad alguna por los errores, omisiones o interpretaciones contrarias al tema aquí tratado.

Este libro es solo para fines de entretenimiento. Las opiniones expresadas son únicamente las del autor y no deben tomarse como instrucciones u órdenes de expertos. El lector es responsable de sus propias acciones.

La adhesión a todas las leyes y regulaciones aplicables, incluyendo las leyes internacionales, federales, estatales y locales que rigen la concesión de licencias profesionales, las prácticas comerciales, la publicidad y todos los demás aspectos de la realización de negocios en los EE. UU., Canadá, Reino Unido o cualquier otra jurisdicción es responsabilidad exclusiva del comprador o del lector.

Ni el autor ni el editor asumen responsabilidad alguna en nombre del comprador o lector de estos materiales. Cualquier desaire percibido de cualquier individuo u organización es puramente involuntario.

Tabla de contenidos

INTRODUCCIÓN 1
CAPÍTULO 1 - ANTES DE LA ILUSTRACIÓN 3
CAPÍTULO 2 - EL FORMIDABLE AUGE DE LA FILOSOFÍA
ILUSTRADA 14
CAPÍTULO 3 - CÓMO LA CIENCIA CAMBIÓ EL MUNDO 21
CAPÍTULO 4 - SED AMBICIOSA DE PODER ABSOLUTO 34
CAPÍTULO 5 - PILARES BÁSICOS DEL PENSAMIENTO ILUSTRADO 46
CAPÍTULO 6 - GENIOS INTELECTUALES QUE CAMBIARON
EL CURSO DE LA HISTORIA 55
CAPÍTULO 7 - MUJERES QUE DESAFIARON LOS LÍMITES DE SU
ÉPOCA 70
CAPÍTULO 8 - LA ILUSTRACIÓN EN ESTADOS UNIDOS 78
CAPÍTULO 9 - LA BÚSQUEDA DE LA LIBERTAD Y LA IGUALDAD 88
CONCLUSIÓN 96
VEA MÁS LIBROS ESCRITOS POR ENTHRALLING HISTORY ... 99
BIBLIOGRAFÍA 100

Introducción

Este libro le acompañará en un viaje por una época que cambió el tejido político, social y cultural del mundo. La Ilustración comenzó a finales del siglo XVII y duró hasta principios del XIX. Se produjo un cambio significativo en el pensamiento, puesto que destacados intelectuales y filósofos empezaron a cuestionar las fuentes tradicionales de autoridad y conocimiento. Abrazaron la razón, la ciencia y el progreso, allanando el camino para una nueva era de libertad y democracia.

La Ilustración, que se desarrolló principalmente en Europa, fue un momento crucial en la historia de las ideas. Fue una época de una agitación intelectual excepcional basada en la creencia en la razón humana, el deseo de progreso y la necesidad de reformas sociales, políticas y económicas. El impacto de las ideas de la Ilustración es significativo y duradero, ya que dieron forma a nuestra comprensión de la democracia, el individualismo, la igualdad y los derechos humanos.

Este libro profundizará en varios aspectos de este periodo y nos mostrará sus temas e ideas centrales. También analizaremos sus figuras e instituciones clave y su repercusión en el mundo actual.

Pretendemos ofrecer una visión general de este periodo crucial de la historia, explicando al mismo tiempo su relevancia para los temas y debates contemporáneos. Lo que diferencia a este libro de otros es su desarrollo de la Ilustración. En lugar de tratar el periodo como un movimiento masivo unificado, nos centraremos en la diversidad de puntos de vista y conflictos que lo caracterizaron.

Intentaremos derribar barreras y poner el conocimiento al alcance de todo tipo de personas. Las ideas y los acontecimientos de este periodo son demasiado importantes para confinarlos en una torre de marfil en el mundo académico. Todo el mundo debería tener la oportunidad de explorar y comprender la Ilustración.

Para lograrlo, hemos tenido mucho cuidado en presentar la historia de forma clara y accesible, utilizando un lenguaje sencillo y proporcionando ejemplos fáciles de seguir y comprender. Hemos evitado entrar en debates esotéricos y utilizar jerga técnica, centrándonos más bien en los principales temas, ideas y acontecimientos que definieron la época. Los libros de historia suelen ser aburridos y difíciles de leer, por lo que nos hemos esforzado para que este libro resulte interesante y entretenido, con multitud de historias y anécdotas reales que dan vida a la historia de la Ilustración.

Creemos que al hablar de historia no debemos simplemente recitar una serie de datos y cifras sin ningún condimento, sino que debería ser como un rico tapiz de historias y experiencias que pueden cautivarnos e inspirarnos a todos. Tanto si es usted estudiante de historia como si simplemente siente curiosidad por los orígenes de la modernidad, este libro le proporcionará una hoja de ruta para comprender mejor la época de la Ilustración.

Le invitamos a acompañarnos en este fascinante viaje de descubrimiento y a experimentar la fuerza y el dramatismo de la época de la Ilustración.

Que lo disfrute.

Capítulo 1 – Antes de la Ilustración

Mientras el sol se ponía sobre los grandiosos edificios y monumentos de París, las mentes más brillantes de la ciudad se reunían en un salón poco iluminado, para discutir las últimas ideas que recorrían Europa. Con su embriagadora mezcla de razón, ciencia y filosofía, la Ilustración se extendió por los salones y cafés de Europa como un reguero de pólvora, prendiendo como un fuego la pasión por el conocimiento y la libertad en los corazones de todos los que se atrevían a soñar con un mundo mejor.

Desde la mordaz sátira de Voltaire hasta las apasionadas súplicas de justicia de Rousseau, desde las Leyes del movimiento de Newton hasta el "cogito, ergo sum" ("pienso, luego existo") de Descartes, la Ilustración consiguió abrir mentes y desafiar las ideas establecidas de maneras nunca vistas. Y cuando los parisinos salieron a las calles, ansiosos por aprovechar el día y acoger el futuro, una sensación de entusiasmo y nuevas oportunidades permanecía en el aire como un faro en la oscuridad, señalando a todos los que se atrevían a seguirlos.

La Ilustración fue un movimiento intelectual y cultural de los siglos XVII y XVIII caracterizado por el énfasis en la razón, el individualismo y el escepticismo ante la autoridad tradicional. Pero antes de la Ilustración, Europa vivió varios acontecimientos y movimientos culturales increíbles que determinaron la organización y el funcionamiento de la sociedad.

La Edad Media

La Edad Media duró desde el siglo V hasta el XV y fue una época de gran agitación y grandes cambios. No fueron tiempos felices, pues la gente común sufrió mucho durante este periodo. Fue una época de feudalismo, en la que los reyes y señores ejercían el poder sobre sus vasallos. La mayoría de la gente vivía en zonas rurales. Las guerras y las enfermedades afectaban a sus vidas, haciéndoles sentir miserables.

Normalmente se considera que la Edad Media comenzó en el año 476 d. C., cuando el Imperio Romano de Occidente cayó en manos del líder germánico Odoacro, que organizó una revuelta y derrocó al emperador Rómulo Augústulo. Europa entró en un periodo de caos.

Las hordas bárbaras arrasaron el continente y destruyeron todo a su paso. La otrora gran ciudad de Roma fue destruida, y los pueblos de Europa se quedaron sin nadie que los defendiera de estos invasores.

Pero de las cenizas del viejo mundo surgió uno nuevo. En el siglo VIII surgió la dinastía Carolingia, liderada por el gran emperador Carlomagno. Construyó un imperio que se extendía a lo largo y ancho de Europa occidental y empezó a restablecer el orden en la región.

Pero no duró mucho. Con el tiempo, Europa se convirtió en un gran estado religioso. Aunque había muchos reinos en Europa, todos tenían algo en común: eran católicos. La jerarquía espiritual y los gobernantes seculares tuvieron que encontrar una manera de compartir el poder, con cada uno de ellos queriendo más.

La Iglesia católica desempeñaba un papel clave, ya que era la autoridad suprema. El papa era (y sigue siendo) el jefe de la Iglesia católica, y podía hacer la vida muy difícil a los gobernantes que quisieran ir en su contra. Algunos reyes intentaron restringir las actividades de la Iglesia, y esta, a su vez, intentó controlar los asuntos del Estado, llegando incluso a excomulgar a los que no estaban de acuerdo con ello.

Pero, en general, la gente se aferraba a su fe. Los sacerdotes se esforzaban por preservar la sabiduría ancestral. Las catedrales de Europa se alzaban hacia el cielo. La Iglesia era una fuerza poderosa que proporcionaba estabilidad y formaba parte de los cimientos de la cohesión social.

Como puede apreciar, la Edad Media presenta una imagen confusa y a menudo contradictoria de una sociedad que intenta estructurarse políticamente sobre una base espiritual. Fue una época de contradicciones y extremos, una época de increíble belleza y terrible brutalidad. Pero a pesar de todo, los pueblos de Europa resistieron, aferrándose a la esperanza y la fe en un mañana mejor.

El Renacimiento

El Renacimiento surgió en el siglo XIV y duró hasta el XVII. Fue un periodo de renacimiento cultural y artístico marcado por un renovado interés por el saber clásico, la literatura y las artes. Los historiadores han identificado varias causas que explican la aparición del Renacimiento tras la Edad Media, como el aumento de la interacción entre diferentes culturas, el redescubrimiento de antiguos textos griegos y romanos, el humanismo y diversas innovaciones artísticas y tecnológicas.

El humanismo hace hincapié en el valor de la vida y los logros humanos. Es un enfoque de la vida basado en la razón y la humanidad común, que reconoce que los valores morales se fundamentan únicamente en la naturaleza y la experiencia humanas.

Italia, cuna del Renacimiento, celebraba el poder y el potencial del individuo para alcanzar la grandeza. Eruditos y artistas redescubrieron la antigua sabiduría de Grecia y Roma y le infundieron su pasión y visión. Pintores como Leonardo da Vinci, Miguel Ángel y Rafael crearon obras de impresionante belleza y esplendor, capturando la forma y el espíritu humanos con una viveza e intensidad nunca vistas.

Mientras tanto, científicos como Galileo, Copérnico y Newton desafiaron las creencias tradicionales de la Iglesia. Abrieron nuevas perspectivas para comprender el universo y nuestro lugar en él. Estos científicos cambiaron nuestra comprensión de la astronomía, las matemáticas y la física. Sentaron las bases de la Revolución Científica, que transformaría el mundo para siempre.

Pero el Renacimiento no fue sólo una época de logros intelectuales y artísticos. También se estaba produciendo una gran agitación en los círculos sociales y políticos. El antiguo sistema feudal se desmoronaba con el ascenso de la clase media, el desarrollo de nuevas formas de gobierno y el crecimiento de los sectores bancarios.

Y al final, el Renacimiento dejó un profundo legado que sigue formando parte de nuestro mundo en la actualidad. Dio origen a la idea del individualismo y a la creencia de que tenemos el poder de forjar nuestro destino y alcanzar la grandeza. Fomentó un espíritu de innovación, investigación y creatividad que ha impulsado el progreso humano desde entonces. Y proporcionó un modelo de belleza, sabiduría y armonía que ha inspirado a generaciones de artistas, científicos y pensadores a alcanzar las estrellas y lograr lo imposible.

La Reforma protestante

La Reforma protestante tuvo lugar en el siglo XVI. Este movimiento religioso desafió la autoridad de la Iglesia católica y dio lugar a la formación del protestantismo. Fue una época de agitación religiosa y social, pues la gente cuestionaba el poder de la Iglesia católica y buscaba nuevas formas de conectar con Dios.

En el corazón de la Reforma había un ardiente sentimiento de indignación moral y anhelo espiritual. Muchos creían que la Iglesia católica se había convertido en una institución corrupta e hinchada, más preocupada por el poder y la riqueza que por el bienestar espiritual de sus fieles. Veían la opulencia del Vaticano y la decadencia del clero como una traición a la fe de los primeros cristianos.

Como resultado, surgió un grupo de reformadores audaces y visionarios. Estos pensadores estaban decididos a restaurar lo que creían que eran las verdaderas enseñanzas de Cristo y a crear una forma más auténtica de cristianismo. Martín Lutero, ardiente y carismático, encabezó el grupo.

En 1517, Martín Lutero publicó un documento llamado "Cuestionamiento al poder y eficacia de las indulgencias", más conocido como "Las Noventa y cinco tesis". Este documento esbozaba noventa y cinco cuestiones sobre las enseñanzas de la Iglesia católica.

No abarcaremos las noventa y cinco tesis, pero uno de los temas más importantes, al menos en opinión de Lutero, era el papel de la Iglesia católica como intermediaria entre el pueblo y Dios. La Iglesia católica permitía a la gente comprar indulgencias para perdonar sus pecados y reducir su tiempo en el purgatorio. Lutero se oponía a esta práctica y creía que la salvación era un don que Dios concedía a quienes tenían fe.

También creía que los creyentes debían depender menos de la Iglesia católica, del papa y los sacerdotes para recibir orientación espiritual. La gente debía tener una relación personal e independiente con Dios, asumir la responsabilidad personal de su fe y consultar la Biblia como guía espiritual.

Esta Reforma se extendió rápidamente por toda Europa, desencadenando una oleada de conflictos religiosos y políticos. El movimiento formó una nueva sección del cristianismo llamada protestantismo. Con este nombre se hace referencia a todos los grupos religiosos que se separaron de la Iglesia católica romana debido a las diferencias respecto a sus prácticas y creencias.

La revolución científica

La Reforma supuso un cambio en el pensamiento religioso, y la Revolución Científica un cambio en la forma en la que la gente adquiría conocimiento. El pensamiento de la gente sobre el mundo natural cambió drásticamente entre los siglos XVI y XVII. Se caracterizó por el abandono de las creencias tradicionales y el uso de la razón y la observación.

Francis Bacon

Una de las figuras clave de la Revolución Científica fue Francis Bacon, filósofo, estadista y científico inglés que vivió entre 1561 y 1626. Pocas personas pueden compararse intelectualmente a este gran hombre.

La dedicación de Bacon a la búsqueda del conocimiento fue legendaria. Creía que la ciencia debía basarse en pruebas empíricas y que los experimentos y las observaciones debían utilizarse para comprobar las teorías. Su enfoque de la ciencia fue revolucionario. Hacía hincapié en la recopilación de datos y la realización de experimentos para verificar o refutar las hipótesis científicas.

Galileo Galilei

Otra figura importante de la Revolución Científica fue Galileo Galilei. Fue un brillante astrónomo, físico y matemático italiano que se atrevió a desafiar las creencias imperantes en su época. Sus aportaciones científicas siguen siendo relevantes hoy en día, incluso después de más de cuatrocientos años.

Por ejemplo, sus trabajos sobre mecánica sentaron las bases del estudio moderno de la física, incluyendo el principio de inercia. Mejoró el diseño del telescopio e hizo observaciones pioneras de la Luna, las fases de Venus y las lunas de Júpiter, aportando pruebas del modelo heliocéntrico del sistema solar propuesto por Copérnico. El heliocentrismo afirma que el sol es el centro del universo.

Sin embargo, el apoyo de Galileo a esta idea revolucionaria chocó directamente con la poderosa Iglesia católica, que sostenía que la Tierra era el centro del universo. Galileo se negó a dar marcha atrás y siguió adelante con sus investigaciones científicas. Tras la publicación del "Diálogo sobre los dos máximos sistemas del mundo" en 1632, Galileo recibió la orden de comparecer ante una inquisición en Roma. Fue acusado de herejía por su creencia de que el sol estaba en el centro del universo.

Para evitar su muerte, Galileo aceptó no difundir más esa enseñanza. Mientras se lo llevaban, supuestamente murmuró: "Eppur si muove" (Y, sin embargo, se mueve). Galileo pasó el resto de su vida bajo arresto domiciliario.

Isaac Newton

Isaac Newton nació en Inglaterra en 1643. Newton fue un niño prodigioso que se convertiría en una de las mentes científicas más brillantes de la historia. Sus aportaciones a la ciencia fueron sencillamente asombrosas.

Se le conoce sobre todo por su teoría de la gravitación universal y por su increíble contribución al formular el cálculo, una nueva rama de las matemáticas. También realizó importantes avances en mecánica, óptica e investigación química.

Newton se convirtió en una influencia científica dominante en Gran Bretaña tras la publicación de su libro "Principia" en 1687. Las tres leyes del movimiento y el principio de gravitación universal que propuso ayudaron a explicar por qué los planetas orbitan alrededor del sol y por qué los objetos caen al suelo. Su obra pionera, conocida como "Mecánica newtoniana", se sigue enseñando en las escuelas. La publicación de esta obra suele utilizarse como fecha final de la Revolución Científica. Los límites entre la Revolución Científica y la Ilustración están un poco difusos. Hemos optado por no vincular a individuos como Newton y Descartes a un solo movimiento, ya que sus ideas inspiraron a pensadores de ambos.

Las ideas y descubrimientos de Newton sentaron las bases de algunos de los descubrimientos científicos y tecnológicos más importantes. Fue un pionero y un pensador visionario que desafió las creencias imperantes en su época para explorar lo desconocido con una curiosidad intrépida.

René Descartes

René Descartes fue un filósofo y matemático francés. Creía en el poder de la razón y pensaba que el conocimiento sólo podía adquirirse mediante el razonamiento cuidadoso y el escepticismo.

Descartes creía en un enfoque radical del conocimiento que rechazaba la autoridad de la tradición y hacía hincapié en la importancia del razonamiento individual y la experimentación. Es famoso por su afirmación "Cogito, ergo sum" ("Pienso, luego existo"), que resume su creencia de que nuestra capacidad de razonar es la base de todo conocimiento. Descartes también fue matemático y se le considera "el padre de la geometría analítica". Se le volverá a mencionar más adelante porque sus ideas filosóficas tuvieron un gran impacto en los pensadores de la Ilustración.

Pensadores políticos y sociales

Los pensadores políticos y sociales también contribuyeron al auge de los ideales de la Ilustración. John Locke y Jean-Jacques Rousseau fueron sólo dos figuras que plantearon la importancia de la libertad individual y de las reformas sociales y políticas. Sus ideas cuestionaron las formas tradicionales de gobierno y las organizaciones sociales. Contribuyeron a allanar el camino para nuevos sistemas políticos y sociales basados en la razón, la justicia y los derechos humanos. Examinaremos más detenidamente a estos pensadores en otro capítulo. Sin embargo, es importante mencionarlos aquí, ya que influyeron significativamente en el auge y la expansión de la Ilustración.

Crecimiento del comercio

El crecimiento del comercio desempeñó un papel importante en la Ilustración. A medida que Europa se interconectaba a través del comercio y los negocios, la gente estaba expuesta a nuevas ideas y perspectivas de diferentes culturas. Esta exposición a nuevas formas de pensar contribuyó a impulsar la relevancia de la Ilustración en la razón y el progreso.

La imprenta fue la clave de la Ilustración

La imprenta fue el invento más importante para difundir las ideas de la Ilustración. Aunque la imprenta existía desde hacía siglos en China, la nueva y mejorada imprenta desarrollada por Johannes Gutenberg a mediados del siglo XV ayudó a divulgar estas ideas de una manera más rápida. Antes de la imprenta, los libros se hacían principalmente a mano, lo que hacía que fueran caros y difíciles de producir en grandes cantidades. Debido a esto, el acceso a un conocimiento más avanzado estaba limitado a un pequeño grupo de élites, como los aristócratas ricos, los líderes religiosos y los eruditos.

La imprenta mejorada de Gutenberg hizo posible la producción masiva de libros y otros materiales impresos a un coste mucho menor y con mayor rapidez que antes, lo que les permitió llegar a un público mucho más amplio. Antes de la invención de la imprenta, el número de libros en Europa se contaba por miles. En 1500, tras sólo cincuenta años de la creación de la imprenta mejorada, se habían publicado más de nueve millones de libros. Como los libros se abarataron y se hicieron más accesibles, la clase media pudo acceder a ellos, lo que provocó un aumento exponencial de las tasas de alfabetización.

Los primeros libros creados con la imprenta de Gutenberg fueron textos religiosos, como la Biblia de Gutenberg, impresa en Mainz (Alemania) en la década de 1450. Tras el éxito de la Biblia de Gutenberg, se imprimieron otros textos religiosos utilizando esta nueva tecnología. Los primeros libros publicados en inglés fueron también textos religiosos, como otras Biblias, himnos y salmos.

El famoso astrónomo Johannes Kepler escribió algunos de los primeros libros científicos impresos en la imprenta. En 1609, Kepler publicó "Astronomia Nova" (Nueva Astronomía), en el que exponía sus tres leyes principales del movimiento planetario:

1. Los planetas se mueven en órbitas elípticas en torno al Sol.
2. El tiempo necesario para recorrer cualquier arco de una órbita planetaria es proporcional al área del sector comprendido entre el cuerpo central y dicho arco.
3. Existe una relación exacta entre los cuadrados de los tiempos periódicos de los planetas y los cubos de sus distancias medias al sol.

Después de esto, también escribió "Harmonices Mundi" (La armonía del mundo) en 1619, que explora las relaciones matemáticas entre el movimiento planetario y la música.

Otra obra científica notable fue "De revolutionibus orbium coelestium" (Sobre las revoluciones de las orbes celestes), de Nicolás Copérnico, publicada en 1543. Esta obra proponía el modelo heliocéntrico del sistema solar, con el sol en el centro y los planetas orbitando a su alrededor.

"Sidereus Nuncius" (Mensajero Sideral, también Mensajero Estrellado o Mensaje Sideral) de Galileo Galilei, publicado en 1610, describe su observación de las lunas de Júpiter, y "De motu cordis" (Sobre el movimiento del corazón) de William Harvey, publicado en 1628, describe su descubrimiento de la circulación de la sangre en el cuerpo humano.

La imprenta desempeñó un papel crucial en el desarrollo de la Ilustración. En primer lugar, hizo posible que los pensadores de la Ilustración publicaran y difundieran sus ideas de manera más extensa, permitiéndoles llegar a un mayor número de personas También facilitó la creación de una esfera pública en la que la gente podía intercambiar libremente ideas y opiniones, dando lugar a nuevas formas de disertación política y cultural. Por último, contribuyó a derribar las barreras tradicionales al conocimiento, consiguiendo que la información estuviera más disponible para personas de toda condición.

Las principales ideas de la Ilustración

Estas ideas y valores contribuyeron a preparar el camino de la Ilustración al proporcionar un marco para nuevas formas de pensar y entender el mundo.

Veamos las ideas más importantes de la Ilustración. La razón fue quizá la idea más predominante e influyente de la Ilustración. Los pensadores de la Ilustración creían que las personas podían comprender y mejorar el mundo a través de la razón y la investigación científica. Estos pensadores rechazaban la superstición, el dogma y la autoridad tradicional, y en su lugar hacían hincapié en el pensamiento crítico y la racionalidad. Pretendían crear una sociedad más justa e igualitaria y abogaban por la democracia, la libertad de expresión y la tolerancia religiosa.

El individualismo fue otra característica de la Ilustración. Los pensadores de la Ilustración rechazaban la autoridad tradicional de la Iglesia y el derecho divino de los reyes, y en su lugar defendían los derechos del individuo. Creían que todas las personas eran iguales y que todos tenían derecho a perseguir sus intereses y objetivos. El individualismo contribuyó a crear una sociedad más liberal y democrática. Los distintos pensadores tenían opiniones diferentes sobre quienes era iguales. Por ejemplo, Rousseau no creía que las mujeres fueran iguales a los hombres, mientras que Locke creía que las mujeres podían racionalizar tan bien como los hombres.

Los pensadores de la Ilustración valoraban el método científico y creían que el conocimiento podía obtenerse mediante la observación y la experimentación. Creían que la ciencia era la clave para comprender el mundo natural y resolver muchos problemas que aquejaban a la sociedad. Este énfasis en la ciencia condujo a descubrimientos y avances que ayudaron a dar forma a su comprensión del mundo.

¿Acogió la gente de buen grado la Ilustración?

La popularidad de la Ilustración varió según la época y el lugar. La Ilustración fue un movimiento muy influyente en Europa que tuvo un impacto significativo en la sociedad, la política y la cultura. Las ideas y valores de la Ilustración se difundieron a través de diversos canales, como instituciones académicas, obras literarias y salones donde los intelectuales se reunían para intercambiar ideas.

Cuadro de un salón. Los hombres se han reunido para escuchar la última obra de Voltaire
https://en.wikipedia.org/wiki/File:Salon_de_Madame_Geoffrin.jpg

Sin embargo, no todo el mundo abrazó la Ilustración. Muchas fuerzas conservadoras, como la Iglesia y la monarquía, consideraban que las creencias de muchos pensadores de la Ilustración amenazaban su poder. Intentaron suprimir sus ideas mediante la censura y la persecución de intelectuales.

También hubo diferencias regionales significativas en cuanto a la popularidad y el impacto de la Ilustración, ya que algunos países y regiones, como Francia y Alemania, experimentaron una poderosa influencia.

La comprensión de la Ilustración varió enormemente entre los distintos segmentos de la sociedad. Aunque las ideas de la Ilustración tuvieron un impacto significativo en las élites intelectuales y culturales, no todo el mundo fue capaz de comprender plenamente los complejos conceptos filosóficos y científicos asociados al movimiento.

A pesar de estos desafíos, las ideas de la Ilustración tuvieron un impacto significativo en la cultura y la sociedad occidentales, especialmente en la ciencia, la política y la filosofía. La Ilustración promovió el uso de la razón y la evidencia empírica para comprender el mundo, buscar más conocimiento y educación, y valorar la libertad individual y el gobierno democrático.

El fin de una era: Hacia la Ilustración

A pesar de su oscuridad e incertidumbre, la era anterior a la Ilustración fue una época de gran creatividad, innovación e imaginación sin límites. Desde las altísimas torres de las catedrales góticas hasta las delicadas pinceladas de las obras de arte del Renacimiento, desde las inquietantes melodías de los trovadores hasta los intrincados tapices del amor cortesano, la época anterior a la Ilustración fue un rico mosaico de logros humanos y un testimonio del poder del espíritu humano para superar los mayores obstáculos.

Y así, mientras las últimas brasas se apagaban y la noche se abría paso, los pueblos del mundo anterior a la Ilustración podían descansar tranquilos sabiendo que su legado perduraría, que sus sueños seguirían vivos y que el futuro sería más brillante de lo que jamás hubieran podido imaginar.

Capítulo 2 – El formidable auge de la filosofía ilustrada

En el corazón de Londres, un hombre caminaba a paso ligero por la calle empedrada, con la mirada fija en el horizonte. Se llamaba Francis Bacon y tenía una misión.

Bacon se había pasado la vida buscando una nueva forma de entender el mundo basada en la lógica y la observación, en lugar de en la superstición y la tradición. Y ahora, mientras observaba la salida del sol sobre los tejados, sabía que estaba cambiando la situación. Para Bacon y muchos otros filósofos de su época, se acercaba el amanecer de la Ilustración, y nada volvería a ser igual.

La filosofía es una disciplina que ha ocupado un lugar central en el pensamiento humano durante miles de años. Supone el estudio crítico de cuestiones fundamentales de la moral y la vida. ¿Por qué estamos aquí? ¿Cuál es nuestro propósito? Las ideas filosóficas proporcionan un marco para la investigación crítica, el razonamiento moral y político y una comprensión más profunda de la experiencia humana. La filosofía también desempeña un papel vital en la formación de nuestros valores y creencias.

El Empirismo de Francis Bacon

Francis Bacon, que vivió entre 1561 y 1626, fue un filósofo y científico inglés que desarrolló un concepto filosófico llamado Empirismo, que proponía que el conocimiento procede de las experiencias sensoriales. En otras palabras, sólo podemos comprender el mundo a través de nuestros sentidos.

El Empirismo se apartaba del enfoque tradicional del conocimiento, que se basaba en la intuición o la revelación. Bacon sostenía que el conocimiento obtenido mediante la observación y la experimentación era más fiable que el obtenido mediante el razonamiento abstracto. El empirismo se basa en pruebas concretas y puede comprobarse y verificarse mediante nuevas observaciones y experimentos. La experimentación pretende aplicar teorías a observaciones del mundo real, registrar los hallazgos como datos empíricos y presentarlos a la gente.

Bacon sostenía que todo lo que se sabe y se cree procede de lo que se puede experimentar físicamente. Por ejemplo, si sabes que el hormigón es duro, es sólo porque te caíste sobre un suelo de hormigón y te diste cuenta de ello. Si sabes que tu padre es bueno, es porque ha hecho cosas buenas en el pasado. Sólo se sabe lo que se ha experimentado; todo lo que no se ha experimentado personalmente es mera conjetura y no es de fiar.

El empirismo de Bacon influyó notablemente en el desarrollo de la ciencia. Su énfasis en la experimentación sentó las bases del método científico, que implica hacer observaciones, formular hipótesis, realizar experimentos para probar esas hipótesis y analizar los resultados. Este enfoque del aprendizaje se consideró una poderosa herramienta para cuestionar las ideas y supersticiones tradicionales y promover una visión del mundo más racional y basada en pruebas.

Las creencias racionalistas de Descartes

Una de los retratos más famosos de Descartes
https://en.wikipedia.org/wiki/File:Frans_Hals_-_Portret_van_Ren%C3%A9_Descartes.jpg

René Descartes vivió entre 1596 y 1650 y fue un filósofo, científico y matemático francés. En 1622, Descartes se trasladó a París. Era un tipo animado y disfrutaba de la vida en París, donde jugaba, montaba a caballo y practicaba esgrima. Asistía regularmente a la corte, a conciertos y a obras de teatro para divertirse.

Como filósofo, sus creencias se centraban en la idea de que la razón y la lógica eran las fuentes primarias del conocimiento. Creía que, utilizando nuestra capacidad innata para razonar, podíamos llegar a un conocimiento cierto y fuera de toda duda. Descartes sostenía que las experiencias sensoriales, aunque importantes, no eran fiables y no se podía confiar en ellas como fuente de todo conocimiento.

Uno de los alegatos más famosos de Descartes es "*cogito, ergo sum*" o "Pienso, luego existo". Argumentaba que el propio acto de pensar y dudar era una prueba de la propia existencia. Descartes utilizó este argumento como base de su filosofía, argumentando que la razón y la lógica podían utilizarse para llegar a otras verdades innegables sobre el mundo.

Las creencias racionalistas de Descartes también incluían la idea de las ideas innatas, que él creía que estaban presentes en la mente desde el nacimiento. Según Descartes, estas ideas innatas eran la base de todo conocimiento. Pensaba que la mente podía comprender conceptos complejos y que esta comprensión no dependía de las experiencias sensoriales.

Las tres ideas innatas en las que creía eran las siguientes:
1. La idea de Dios, que es perfecto e infinito.
2. La idea del yo o de la mente, que expresó en su famosa frase "*Cogito, ergo sum*".
3. La idea de infinito y algunas otras verdades matemáticas. Según Descartes, estas ideas no podían provenir de la experiencia, sino que están presentes en la mente humana desde el nacimiento.

Otro aspecto clave de las creencias racionalistas de Descartes era su énfasis en la importancia del razonamiento deductivo. Creía que partiendo de verdades fundamentales y utilizando el razonamiento deductivo se podía llegar a nuevos conocimientos que no podían refutarse. Este enfoque del aprendizaje contrastaba con el enfoque basado en los sentidos que defendían los empiristas.

El razonamiento deductivo de Descartes también estaba estrechamente vinculado al compromiso de la Ilustración con el método científico. Al insistir en la importancia de partir de verdades fundamentales y utilizar el razonamiento deductivo para llegar a nuevos conocimientos, Descartes contribuyó a sentar las bases del enfoque de la ciencia basado en la evidencia, que se convirtió en un elemento central del desarrollo científico y filosófico de la Ilustración.

Voltaire y Rousseau: Las ideas de la razón

Voltaire y Rousseau fueron dos influyentes pensadores de la Ilustración que defendieron la antigua idea griega de la razón. Ambos filósofos creían que la razón era esencial para el progreso humano y abogaban por su uso en todos los aspectos de la vida, incluidos la política, la religión y la moral.

Voltaire, que vivió entre 1694 y 1778, fue un filósofo y escritor francés conocido por defender la razón, la tolerancia religiosa y la libertad de expresión. Creía que la razón podía utilizarse para cuestionar las creencias y supersticiones tradicionales. También pensaba que la razón era esencial para promover el progreso social y político. Voltaire criticaba a la Iglesia católica y sus enseñanzas, argumentando que se basaban en la superstición y el miedo más que en la razón y la evidencia.

Las opiniones de Voltaire sobre los derechos de la mujer reflejaban las normas sociales y culturales de su época. Aunque tenía algunas ideas progresistas, como la creencia de que las mujeres debían tener acceso a la educación, sus opiniones sobre los derechos de la mujer no eran tan progresistas como hoy. Al principio de su carrera, creía que las mujeres eran intrínsecamente inferiores a los hombres física e intelectualmente y que su papel debía limitarse al hogar como madres, hijas y esposas. Sus opiniones sobre la mujer cambiaron con el tiempo. A pesar de que hoy lo consideraríamos sexista, sus ideas sobre la igualdad eran revolucionarias y no todo el mundo las aceptaba, incluidas las mujeres.

Jean-Jacques Rousseau, que vivió entre 1712 y 1778, fue un filósofo y escritor francés nacido en Suiza. Rousseau creía vehementemente que la razón era esencial para desarrollar la mente de una persona y que podía utilizarse para crear una sociedad más justa e igualitaria.

Rousseau creía firmemente que todas las personas eran iguales y que nacían libres. Creía que la sociedad debía garantizar a todos el acceso a los medios para sobrevivir, vivir y prosperar. Al igual que Voltaire, Rousseau también tenía ideas regresivas sobre la mujer. Creía en las diferencias naturales entre hombres y mujeres. Rousseau pensaba que las mujeres eran más emocionales y cariñosas, lo que las hacía más adecuadas para la vida doméstica. En cambio, consideraba a los hombres más racionales y adecuados para la vida pública.

Rousseau expresó su condena de la esclavitud y argumentó que la esclavitud era una violación de los derechos naturales del hombre. Afirmaba que esclavizar a otros hombres iba en contra de los principios de justicia y moralidad. Criticó los sistemas sociales y políticos de su época por considerarlos corruptos y opresivos.

Más adelante profundizaremos en estos cuatro hombres, pero ahora puede tener una idea más clara sobre sus creencias fundamentales. Muchos pensadores de la Ilustración sostenían estas mismas creencias o una versión similar de ellas. El énfasis de estos pensadores en la razón y el pensamiento crítico ayudó a promover una actitud más crítica y reflexiva hacia las creencias tradicionales y animó a las personas a cuestionar esas creencias y desarrollar teorías basadas en su propio razonamiento.

La Contrailustración

La Contrailustración fue un movimiento contrario al pensamiento de la Ilustración. Se desarrolló principalmente en Europa a finales del siglo XVIII y principios del XIX como una respuesta en contra de las ideas de la Ilustración. No fue un movimiento organizado, y no hubo un único catalizador para que surgiera. En cambio, se entiende mejor como un fenómeno intelectual que se opuso a la Ilustración.

Mientras que la Ilustración hacía hincapié en la razón, el progreso, el individualismo y el poder de la ciencia, la Contrailustración rechazaba esas ideas y abogaba por un retorno a los valores tradicionales, las jerarquías sociales y la religión.

La Contrailustración se caracterizó por un profundo escepticismo hacia la razón y el poder del intelecto humano. Muchos pensadores de la Contrailustración sostenían que la razón humana era limitada y falible. Creían que las personas no podían comprender las complejidades de la naturaleza humana y de la sociedad. En su opinión, las formas tradicionales de conocimiento, como la religión, eran guías más fiables para la conducta humana y la organización social que la razón y la ciencia.

La Contrailustración también rechazaba el énfasis de la Ilustración en el progreso y el individualismo, argumentando que estos valores conducían a la degradación moral y social. Muchos pensadores de la Contrailustración creían que la sociedad debía estructurarse en torno a jerarquías de poder y autoridad, en las que las clases altas ejercieran el control sobre las clases bajas. También hicieron hincapié en la importancia de la cohesión social y los valores comunitarios en lugar de los derechos y libertades individuales. Algunos pensadores destacados de la Contrailustración son Johann Georg Hamann, Joseph de Maistre y Friedrich von Schelling.

El rechazo de la Contrailustración a los ideales de la Ilustración no encontró una aceptación generalizada entre la población en general, pero sí tuvo un impacto en las élites. Muchos escritores, artistas y filósofos prominentes adoptaron la crítica de la Contrailustración a la razón y el individualismo. Consideraban que las ideas de la Ilustración contribuían a causar grandes trastornos en la sociedad. No querían alterar sus modos de vida tradicionales y abogaban por un retorno a los valores establecidos y a la autoridad tradicional.

Este cambio de actitudes culturales e intelectuales repercutió en la sociedad. El movimiento romántico, surgido a finales del siglo XVIII y principios del XIX, fue una respuesta en contra del racionalismo. Este movimiento abogaba por la emoción, la intuición y la naturaleza, ayudando a crear un clima cultural menos receptivo a las ideas de la Ilustración y más favorable a los valores tradicionales y la ortodoxia religiosa.

La mayoría de la gente rechazaba la Contrailustración porque veía beneficios tangibles en el énfasis de la Ilustración en la razón y el progreso. Por ejemplo, los avances en medicina, agricultura e industria mejoraron la vida de la gente y la hicieron más próspera. El énfasis de la Ilustración en el individualismo y la libertad personal también tuvo una gran repercusión en la gente, que lo vio como una forma de liberarse de las restricciones de las jerarquías sociales tradicionales y permitirles perseguir sus propios objetivos y aspiraciones.

Otra razón por la que mucha gente rechazaba la Contrailustración podría haber sido su asociación con la ortodoxia religiosa y el autoritarismo. La Contrailustración rechazó el énfasis de la Ilustración en la razón y la ciencia y trató de imponer los valores tradicionales y el dogma religioso en la sociedad. Esto se consideraba una amenaza para las libertades personales y el individualismo, por lo que muchas personas rechazaron las ideas de la Contrailustración en favor de los valores más abiertos y liberales de la Ilustración.

Capítulo 3 – Cómo la ciencia cambió el mundo

A principios del siglo XVIII, los mineros del carbón en Inglaterra se encontraron con el enorme obstáculo de drenar el agua de las minas para extraer el carbón de forma segura y eficaz. Con frecuencia, las minas se inundaban de agua, lo que provocaba graves accidentes mortales. Se utilizaban caballos y mano de obra para bombear el agua de las minas, pero resultaban insuficientes para hacerlo. Los mineros buscaban desesperadamente soluciones más avanzadas.

Fue entonces cuando apareció Thomas Newcomen. Thomas llevaba años experimentando con la energía del vapor y, en 1712, diseñó una máquina que creía que funcionaría. Su máquina de vapor empleaba un pistón para accionar una bomba, y funcionaba con el vapor que generaba el agua hirviendo al quemar carbón.

La máquina de Newcomen era una maravilla del ingenio y pronto cambió las reglas del juego de la minería del carbón. Ahora los mineros podían bombear agua de las minas para extraer carbón a un ritmo más rápido y eficaz que nunca, y podían hacerlo sin poner en peligro sus vidas.

El poder de la ciencia

Se vislumbraba en el horizonte un nuevo comienzo que sacudiría los cimientos mismos del conocimiento, la verdad y la realidad y revolucionaría todo aquello en lo que la gente creía. Esa fuerza era la ciencia.

A medida que la Ilustración cobraba impulso, la ciencia se volvía cada vez más importante, extendiendo su influencia sobre todos los aspectos de la sociedad. Durante la Ilustración, la gente experimentó una inmensa transformación, al liberarse por fin de las cadenas del misticismo. El poder de la racionalidad y de la evidencia empírica les permitió percibir el mundo de formas que antes eran insondables.

A raíz de esta transformación, surgieron notables descubrimientos e innovaciones que alteraron el curso de la historia. La ciencia dejó de ser una mera herramienta para comprender el mundo y se convirtió en una forma de vida y una fuerza capaz de revolucionar todo lo que tocaba.

Los descubrimientos científicos de la época, incluyendo las leyes de la física y la química y los principios de la biología, crearon un nuevo marco para comprender el mundo. Este marco desafiaba a las autoridades tradicionales, es decir, a la Iglesia.

La ciencia también ayudó a fomentar un sentimiento de optimismo y progreso. La creencia en la razón y en el poder del ingenio humano llevó a muchos pensadores a creer que la humanidad era capaz de lograr grandes cosas. Los nuevos descubrimientos y teorías científicas inspiraron a escritores, artistas y músicos a explorar nuevos temas y experimentar con nuevas formas de expresión utilizando las nuevas herramientas desarrolladas durante esta época.

Por ejemplo, el escritor Jonathan Swift se inspiró en la ciencia para escribir *Los viajes de Gulliver* en 1726, una popular novela que puede calificarse de escritura de protociencia ficción. Mary Wollstonecraft Shelley fue una escritora inglesa que escribió *Frankenstein* en 1818, considerada la primera novela de ciencia ficción.

Un invento científico llamado cámara oscura era un dispositivo óptico que produce imágenes sin película fotográfica. Este invento fue utilizado por artistas como Johannes Vermeer y Canaletto para crear pinturas más realistas con mejor perspectiva, colores realistas e iluminación.

Artistas, como Maria Sibylla Merian y John James Audubon, pintaron cuadros detallados y científicamente precisos de plantas, aves y otros animales, lo que contribuyó a la difusión de información científica y también satisfizo sus impulsos artísticos.

En la vanguardia de la "revolución científica" de la Ilustración estaba el método científico, que hacía hincapié en el valor de la observación, la comprobación de hipótesis y las pruebas empíricas. Este enfoque fue revolucionario y permitió a los científicos profundizar en el mundo natural y en la naturaleza humana. Este método proporcionó una forma rigurosa y sistemática de entender el mundo y ayudó a establecer la ciencia como un campo de estudio legítimo y respetado.

Otra faceta significativa de la ciencia durante la época de la Ilustración fue el énfasis en el racionalismo. Los pensadores de la Ilustración creían que el intelecto humano era capaz de comprender el mundo a través de la racionalidad y la lógica, en lugar de depender de autoridades religiosas o tradicionales que les dijeran por qué las cosas funcionaban como lo hacían. En la ciencia, el énfasis se puso en la observación empírica y la experimentación, lo que supuso una desviación radical del pasado y preparó el camino para los avances científicos modernos.

La ciencia de la Ilustración no sólo se preocupaba por ampliar la comprensión del mundo natural, sino también por mejorar la vida y la sociedad. Por ejemplo, los nuevos descubrimientos y tratamientos médicos contribuyeron a mejorar la salud pública y prolongar la vida. Varios pensadores de la Ilustración creían que la aplicación del conocimiento científico podía conducir al progreso en campos como la agricultura y la industria.

Sin embargo, los cambios que trajo consigo la ciencia no fueron aceptados de buena gana por todos. Numerosas autoridades religiosas y políticas consideraron el auge de la ciencia de la Ilustración como una amenaza para su poder e influencia, y se esforzaron por suprimir o desacreditar las investigaciones científicas que desafiaban su autoridad.

A pesar de estos desafíos, la ciencia de la Ilustración siguió floreciendo y extendiéndose por toda Europa y fuera de ella. Inspiró a una nueva generación de pensadores e innovadores impulsados por la pasión por el descubrimiento y la dedicación a la verdad.

Avances científicos e inventos

Durante la Ilustración se materializaron numerosos avances científicos e inventos que tuvieron un profundo impacto en diversos segmentos de la sociedad. Vamos a tratar algunos de los inventos más importantes que surgieron de la Ilustración; ¡puede que algunos le sorprendan!

La máquina de vapor

La máquina de vapor de Thomas Newcomen, creada en 1712, fue adoptada rápidamente por los mineros del carbón de toda Inglaterra. Los mineros vieron este invento como un salvavidas, ya que podía ayudarles a extraer el carbón de forma más eficaz y segura. Sin embargo,

Newcomen nunca estuvo satisfecho con su invento. Siguió experimentando con diferentes diseños y técnicas, tratando de encontrar formas de hacer su motor más eficiente.

En la década de 1760, un inventor escocés llamado James Watt se topó con el motor de Newcomen y vio la posibilidad de mejorarlo. Watt consiguió construir una máquina de vapor que no fallaba con demasiada frecuencia y era más fiable y eficiente que los modelos anteriores.

Pero el trabajo de Watt no estuvo exento de contratiempos. Luchó durante años para encontrar la combinación adecuada de diseños y materiales, y estuvo a punto de abandonar en varias ocasiones. Sin embargo, persistió en su trabajo, pues le impulsaba la feroz determinación de crear algo verdaderamente revolucionario. En 1775, Watt logró fabricar un nuevo diseño de máquina de vapor más eficiente que cualquier otra que hubiera existido antes.

La máquina de vapor de Newcomen utilizaba vapor para empujar un cilindro con un pistón conectado al eje de la bomba. A continuación, el cilindro se enfriaba con agua fría, lo que creaba un vacío. Esto movía el pistón y, repitiendo el ciclo, se conseguía un movimiento de vaivén que hacía funcionar la bomba de agua.

La mejora que introdujo Watt consistió en la forma en que la máquina condensaba el vapor. En la máquina de Newcomen, se rociaba agua directamente en el cilindro de vapor para condensarlo. El propio cilindro se calentaba y enfriaba continuamente, lo que desperdiciaba mucho vapor al calentarse el cilindro en cada recorrido del motor. En la máquina de Watt, el cilindro se abría a una cámara separada mediante una tubería, en la que se rociaba agua fría para refrigerarlo. De este modo, el cilindro de trabajo permanecía caliente y no se desperdiciaba vapor recalentándolo en cada recorrido.

La máquina de vapor fue un invento revolucionario y se utilizó en el desarrollo de nuevas industrias, como la textil y otras industrias manufactureras. También transformó la industria del transporte, ya que impulsó las primeras locomotoras y barcos de vapor, que cambiaron la forma de viajar y transportar mercancías.

La máquina de vapor tuvo un profundo impacto en la economía y contribuyó a transformar la sociedad al crear nuevas oportunidades de empleo y aumentar la producción de bienes. La máquina de vapor tenía muchas aplicaciones en diferentes campos de la industria, lo que la hacía increíblemente versátil. La Revolución Industrial, que comenzó hacia

1760, no habría sido igual sin la máquina de vapor.

Vacunas

Durante muchos siglos, la viruela fue una enfermedad horrible que devastó a la humanidad. La viruela afectó a todos los niveles de la sociedad. En el siglo XVIII, en Europa, 400.000 personas morían anualmente de viruela. La enfermedad comenzaba con fiebre y una erupción roja que se extendía por todo el cuerpo. La erupción se convertía en pústulas blandas que se secaban y se convertían en costras. Cuando las costras cicatrizaban, se desprendían y dejaban grandes y feas marcas de viruela por toda la piel, especialmente en la cara. La enfermedad tenía una tasa de mortalidad del 20% al 60% y dejaba a la mayoría de los supervivientes horribles cicatrices faciales que los desfiguraban. Un tercio de los supervivientes se quedó ciego.

El Dr. Edward Jenner vivió entre 1749 y 1823. Era un médico de familia inglés que se dio cuenta de que la población en general estaba desfigurada por la viruela, mientras que las mujeres que se dedicaban al ordeño de vacas tenían el cutis sin imperfecciones. Estas mujeres tenían la piel lisa y sin imperfecciones, con el rostro sin cicatrices de la enfermedad. Jenner observó que, dado que las criadas estaban en contacto diario con las ubres de las vacas al ordeñarlas, padecían una enfermedad leve que contraían de las vacas llamada viruela bovina, que sólo dejaba una única pústula en las manos sin otras manifestaciones graves de la enfermedad. Por lo tanto, estas chicas nunca contrajeron la viruela.

Jenner se preguntó si la viruela bovina daba alguna protección contra la viruela mortal. Decidió probar la eficacia de este método. En el verano de 1796, extrajo un poco de materia viscosa de una pústula enferma de la mano de una lechera. Con una jeringuilla, inyectó parte del material de la pústula en el antebrazo del hijo pequeño de su jardinero. El niño pronto desarrolló una costra en el brazo y experimentó algo de dolor y fiebre leve durante un día más o menos.

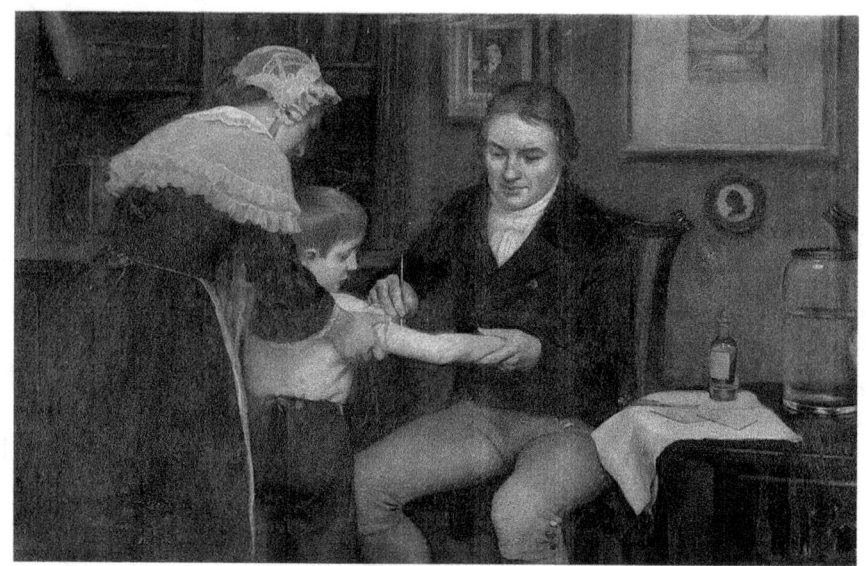

Cuadro de Jenner vacunando a un niño
https://commons.wikimedia.org/wiki/File:Jenner_phipps_01_(cropped).jpg

Al cabo de unas seis semanas, el Dr. Jenner volvió a inyectar al niño, esta vez con materia de viruela. Como Jenner esperaba, el niño no desarrolló la viruela. No mostró ningún síntoma de la enfermedad. Este fue el primer experimento de vacunación con éxito.

Por supuesto, tal experimento, especialmente uno en un niño, no se permitiría hoy en día. El Dr. Jenner habría ido a la cárcel si hubiera hecho el experimento de esa manera en los tiempos actuales. Pero aquellos eran otros tiempos. Y afortunadamente para el niño (y para la civilización), el Dr. Jenner había inventado con éxito la vacunación. La palabra "vacunación" tiene sus raíces en el latín *vacca*, que significa "vaca".

El Dr. Jenner publicó sus descubrimientos sobre el procedimiento de vacunación en revistas científicas. La vacunación se convirtió en el procedimiento estándar para evitar que las personas contrajeran la mortal enfermedad de la viruela.

Las vacunas tuvieron un impacto significativo en la salud pública, ya que previnieron muchas enfermedades infecciosas. Como resultado, la tasa de mortalidad descendió drásticamente y la gente vivió más sana y durante más tiempo.

Hoy en día, la gente puede vacunarse contra toda una serie de enfermedades infecciosas, pero la viruela no es una de ellas. Gracias a un programa mundial de vacunación masiva, en 1980 toda la población mundial fue declarada oficialmente libre de esta devastadora enfermedad.

Pararrayos

Era un día tormentoso de junio de 1752. Unas nubes oscuras se cernían sobre la ciudad de Filadelfia. Empezaba a llover y el cielo se llenaba de relámpagos. La gente buscaba refugio, pero Benjamin Franklin no. A él le apetecía volar cometas. Pero volar cometas en medio de una tormenta no era su pasatiempo, sino un experimento científico que llevaba tiempo planeando. Quería demostrar que los rayos eran, en efecto, electricidad.

Hizo una cometa atada con dos cuerdas, una de seda y otra de cáñamo. La cuerda de seda era para que él la sujetara, mientras que la de cáñamo aguantaría mejor la carga eléctrica. También tenía una llave de metal, que ató a la cuerda de cáñamo, y una botella de Leyden, que es un instrumento que puede almacenar una carga eléctrica. Su hijo William estaba allí para ayudarle, ya que era más experto en el vuelo de cometas.

Esperaron a que la cometa se elevara en el aire. Justo cuando estaban a punto de darse por vencidos, Franklin se dio cuenta de repente de que los hilos sueltos de la cuerda de cáñamo se estaban poniendo rígidos y tiesos. Acercó el dedo a la llave y sintió una chispa eléctrica.

En realidad, la cometa nunca fue alcanzada por un rayo; si eso hubiera ocurrido, Franklin probablemente se habría electrocutado, a pesar de que tomó precauciones para mantenerse algo a salvo. En lugar de eso, la cometa recogió la carga eléctrica ambiental de la atmósfera húmeda. La cuerda de cáñamo se mojó con la lluvia y se convirtió en conductora, y la carga eléctrica pasó a la llave.

También es importante señalar que Benjamin Franklin no descubrió la electricidad durante este experimento; la electricidad ya había sido descubierta. Franklin tampoco descubrió que el rayo era electricidad, aunque creía haberlo hecho. El mismo experimento ya se había llevado a cabo en Francia un mes antes. Aun así, la teoría y el experimento de Franklin son los más conocidos, y demostró la conexión entre el rayo y la electricidad. Franklin también inventó el pararrayos, que con el tiempo se utilizó para proteger los edificios altos de los rayos.

Oxígeno

Joseph Priestley fue un hombre inglés que vivió entre 1733 y 1804. Fue la primera persona que descubrió el oxígeno y describió algunas de sus notables propiedades. Priestley descubrió también más de una docena de otros gases. También inventó el agua carbonatada y la goma de borrar. Pero sus escritos religiosos poco ortodoxos y su apoyo incondicional a las revoluciones estadounidense y francesa molestaron a algunas personas. Una multitud destruyó su casa y su equipo científico. Fue expulsado de su ciudad y acabó emigrando a Estados Unidos, donde vivió hasta su muerte.

Pero antes de que todo eso ocurriera, Priestley descubrió que el aire no era una sustancia elemental, sino una mezcla de muchos gases. En 1774, realizó su experimento más famoso utilizando una lupa de doce pulgadas de ancho, enfocando la luz solar sobre un trozo de óxido mercúrico rojizo para calentarlo y captar el gas emitido. Comprobó que este gas hacía arder intensamente una llama y era capaz de mantener con vida a un ratón unas cuatro veces más que una cantidad similar de aire normal. Llamó a este gas "aire desflogisticado", que más tarde fue bautizado como oxígeno por el químico francés Antoine Lavoisier.

Más tarde, Priestley inhaló él mismo el gas e informó de que se sentía ligero y relajado. Se dio cuenta del uso médico y recreativo del oxígeno y escribió que él mismo y dos ratones habían inhalado este gas "de lujo" sin que ninguno sufriera efectos nocivos.

Por supuesto, el oxígeno tenía importantes aplicaciones médicas, y su descubrimiento condujo al desarrollo de nuevas tecnologías, como el soplete oxiacetilénico, que cambiaría para siempre la industria de la soldadura de metales.

El cronómetro marino y el sextante

Los marinos que emprendían un largo viaje necesitaban determinar su posición en el mar cuando no había tierra a la vista. Para ello, era necesario conocer la latitud y la longitud para saber con precisión su posición en el mapa. Hasta mediados del siglo XVIII, los navegantes no podían determinar con exactitud su posición en el mar y se enfrentaban a enormes riesgos, como naufragar o no llegar a su destino antes de quedarse sin provisiones.

Los navegantes podían determinar su latitud midiendo el ángulo del sol al mediodía o midiendo el ángulo de Polaris o la Estrella Polar (en el hemisferio norte) por la noche. Para ello se utilizaba un sextante, un instrumento que podía proporcionar la latitud mientras se estaba en el mar. Por supuesto, los marineros tenían problemas cuando el cielo estaba nublado.

Aunque se probaron varios tipos de sextantes, el inventor y matemático británico John Hadley perfeccionó en 1731 un sextante que podía proporcionar mediciones muy precisas. Su sextante fue utilizado por los marineros para encontrar la latitud en el mar. Sin embargo, hasta mediados de la década de 1750, la navegación precisa en el mar era un problema sin resolver debido a la dificultad de calcular la longitud. Para conocer la longitud, es necesario saber qué hora era en el lugar donde se encontraba un barco y qué hora era en el puerto del que había zarpado inicialmente. Comparando la hora local con la hora de vuelta a casa, los marineros sabrían a qué distancia alrededor de la Tierra se encontraban de su puerto de origen. Y si conocían la longitud de la ciudad portuaria en la que habían comenzado su viaje, entonces podrían encontrar más fácilmente la longitud de su ubicación actual.

La solución obvia a este problema era conseguir un reloj preciso y ajustarlo a la hora del puerto de origen antes de zarpar. Pero hasta 1735 no existía ningún reloj preciso en el que se pudiera confiar en el mar.

En 1714, el gobierno británico ofreció un premio de 20.000 libras para la construcción de un reloj marino que pudiera encontrar la longitud en el mar con una precisión de medio grado. Esto significaba que el reloj tendría una precisión de 2,8 segundos, algo impensable en aquella época.

El inventor inglés autodidacta John Harrison aceptó el reto y construyó varios modelos de reloj, uno de los cuales demostró ser lo suficientemente preciso como para ganar el premio. El último reloj fabricado por Harrison en 1770 era aún más preciso y permitía a los marineros conocer su posición con gran exactitud en cualquier punto del mar.

Globo aerostático

El ser humano siempre ha querido volar como los pájaros. Los hermanos franceses, Joseph-Michel y Jacques-Étienne Montgolfier, eran unos prósperos fabricantes de papel que también se interesaban por la experimentación científica. Les fascinaba la idea de ver elevarse en el aire un globo hecho de papel ligero relleno de aire caliente.

Los Montgolfier construyeron un globo de seda y lo forraron con papel de treinta y tres pies de diámetro. Lo lanzaron en un mercado abarrotado de Annonay (Francia) el 4 de junio de 1783. No había nadie a bordo. El globo se elevó a más de dos mil metros y se mantuvo en el aire durante diez minutos, recorriendo más de una milla. Este experimento animó a los hermanos, que construyeron un globo de unos treinta pies de diámetro hecho de tafetán y lo recubrieron con un barniz de alumbre ignífugo

El rey Luis XVI de Francia fue invitado a asistir a la demostración. El rey estaba tan entusiasmado con el experimento que quiso probarlo para el vuelo de humanos colocando unos prisioneros en una cesta colgando debajo del globo. Sin embargo, los Montgolfier cargaron la cesta con una oveja, un pato y un gallo. El experimento tuvo éxito y el globo voló durante ocho minutos recorriendo una distancia de tres kilómetros. Todos los pasajeros sobrevivieron al vuelo. Este experimento fue presenciado por el rey de Francia, María Antonieta, y una multitud de 130.000 personas.

El 15 de octubre de 1783, un globo con una cuerda de sujeción transportó a Jean-François Pilâtre de Rozier, profesor de ciencias. El globo sobrevoló París durante casi cuatro minutos. Por último, el 21 de noviembre, Pilâtre de Rozier y un militar realizaron el primer vuelo libre en globo aerostático. La pareja voló desde París, recorriendo unos 8 km en 25 minutos.

Este fue el inicio del vuelo de humanos y marcó el comienzo de una nueva era del transporte. Hoy en día, los globos aerostáticos no se utilizan para el transporte de personas a gran escala, pero se emplean habitualmente en investigaciones científicas de la atmósfera.

El termómetro moderno

Varias personas intentaron perfeccionar diversos tipos de termómetros, como el termoscopio de agua de Galileo Galilei en 1593 y el termoscopio de aire de Santorio Santorio en 1612. Sin embargo, ni los instrumentos de Galileo ni los de Santorio eran muy precisos.

El primer termómetro de mercurio moderno con una escala normalizada fue inventado por Daniel Gabriel Fahrenheit en 1714. Fahrenheit utilizó la primera escala de temperatura normalizada para su termómetro. Dividió los puntos de congelación y ebullición del agua en 180 grados. Se eligió el número 212 como punto de ebullición y 32 como punto de congelación del agua. Esto produjo una escala que no caería por debajo de cero, incluso al medir las temperaturas más bajas posibles que podía producir en su laboratorio. Este termómetro era muy preciso.

La escala de temperatura Celsius se denomina "escala centígrada". Fue inventada por el astrónomo sueco Anders Celsius en 1742. Cero era el punto de ebullición y cien el punto de congelación del agua. La escala se dividió en cien grados. Más tarde, un hombre francés llamado Jean Pierre Cristin invirtió la escala Celsius, con el cero como punto de congelación y el cien como punto de ebullición del agua. En 1948, mediante un acuerdo internacional, se adoptó la escala Celsius como la escala internacional estándar de temperatura, y es la escala de temperatura más utilizada en la actualidad.

La hiladora Jenny y la lanzadera volante

Durante mucho tiempo, el hilado del algodón en hilos para tejer telas fue una pequeña industria artesanal. El proceso era lento y laborioso. En 1764 o 1765, James Hargreaves, un carpintero y tejedor inglés, trabajó en un nuevo diseño de máquina para hilar hilos de algodón.

Aunque era analfabeto, comprendía el lento y laborioso proceso de hilar hilo. También sabía que había escasez de hilo suficiente para los tejedores. Así pues, Hargreaves desarrolló una máquina que aumentaría la producción de hilo incrementando el número de husos capaces de ser accionados por una sola rueda.

Una hiladora era un armazón metálico con ocho husos de madera en un extremo. Ocho ruecas estaban sujetas a una viga del bastidor. Cuando se extendían, pasaban a través de dos barras horizontales. El trabajador movía estas barras a lo largo de la parte superior del bastidor y el hilo se desplazaba. Al mismo tiempo, la hiladora hacía girar una rueda. Los husos giraban y el hilo se hilaba y enrollaba en un huso.

Hargreaves mantuvo la máquina en secreto durante algún tiempo, pero los trabajadores de la industria textil descubrieron este nuevo dispositivo que ahorraba mano de obra y podía poner en peligro sus puestos de trabajo. Atacaron su casa y destruyeron la máquina. Pero Hargreaves no se amilanó y continuó con el desarrollo y la producción de la máquina.

En el primer diseño, se incorporaron ocho husos a la máquina, que hilaban el hilo girando una sola rueda. Esto significaba que el operario podía hilar ocho hilos a la vez moviendo una sola rueda. El número de husos aumentó a 90 y luego a 120 en los diseños más recientes, lo que dio lugar a un aumento masivo de la producción de hilo de algodón.

Anteriormente, en 1733, John Kay inventó la lanzadera volante, que se utilizaba en los telares. En los telares más antiguos, la lanzadera se empujaba a mano a través de los hilos. Si se requería una tela de mayor tamaño, se necesitaban dos trabajadores para manejar el telar.

Kay rediseñó el telar y colocó la lanzadera sobre ruedas que corrían sobre una pista. Los tejedores utilizaban paletas planas para mover la lanzadera de un lado a otro tirando de una cuerda. Gracias a este método, un tejedor podía crear tejidos de mayor anchura con más rapidez que antes, lo que mejoraba la velocidad y la cantidad de la tela.

La lanzadera volante y la hiladora revolucionaron la industria textil, ya que permitían producir una gran cantidad de tela de forma eficiente a bajo coste.

El retrete con cisterna

En la Inglaterra medieval, la gente utilizaba "orinales" y simplemente arrojaba el contenido a la calle a través de una puerta o ventana. Los más pudientes utilizaban un "garderobe", una habitación con una abertura suspendida sobre un foso donde se podían arrojar los desechos.

La gente común hacía sus necesidades en retretes comunales situados al final de las calles. En Londres se construyó un enorme retrete público que evacuaba directamente en el río Támesis. Esto provocaba una contaminación masiva, que se traducía en un hedor generalizado e causaba diversas enfermedades a la población de la ciudad.

Se cree que en 1592 Sir John Harrington, ahijado de Isabel I, inventó un retrete con un depósito de agua elevado conectado a una tubería por la que el agua podía evacuar los residuos. Este invento se dejó de lado durante casi doscientos años. En 1775, Alexander Cummings, un relojero, desarrolló la tubería en forma de S bajo la pila del retrete para mantener alejados los malos olores del cuarto de aseo. Esto resolvió en parte el problema de los malos olores en las casas. Sin embargo, las aguas residuales seguían vertiéndose a las calles, contaminando los ríos cercanos.

En 1858, cuando las aguas residuales en descomposición rodeaban la ciudad de Londres, creando un hedor muy desagradable, el gobierno encargó la construcción de un sistema de alcantarillado en Londres. La construcción finalizó en 1865. Con esto se logró un descenso en las muertes causadas por cólera, fiebre tifoidea y otras enfermedades transmitidas por el agua.

Instituciones científicas

Los descubrimientos e inventos científicos fueron realizados en su mayoría por individuos, no por grupos o instituciones. Durante la época anterior a la Ilustración, se crearon nuevas instituciones y asociaciones científicas para que personas con ideas afines pudieran debatirlas. Las dos más destacadas fueron la "Royal Society" de Inglaterra y la "Académie des Sciences" de Francia.

Aunque ambas instituciones se fundaron en el siglo XVII, durante la Revolución Científica, siguieron creciendo y reuniendo a las mentes científicas más destacadas de la Ilustración para mantener debates prácticos y filosóficos.

Estas instituciones ayudaron a promover la exploración científica y a alimentar una cultura de experimentación, investigación y erudición científicas. También ayudaron a difundir el conocimiento científico y a fomentar la alfabetización, lo que a su vez creó una nueva generación de científicos.

Capítulo 4 – Sed ambiciosa de poder absoluto

Hay muchas fábulas y mitos asociados a Catalina la Grande de Rusia. Una truculenta historia sugiere que Catalina murió mientras tenía relaciones sexuales con un semental que enloqueció y se desplomó sobre ella, causándole heridas mortales. Sin embargo, no hay pruebas que confirmen este relato. La mayoría de los historiadores suponen que probablemente fue inventada por los adversarios de Catalina para difamarla y empañar su reputación.

En realidad, Catalina la Grande falleció en sus aposentos del Palacio de Invierno de San Petersburgo el 17 de noviembre de 1796, a la edad de sesenta y siete años. El motivo de su fallecimiento fue un ictus que había sufrido varios días antes. Catalina la Grande fue una de las monarcas más triunfadoras e influyentes del período de la Ilustración en el siglo XVIII. Pero no fue ni mucho menos la única.

La autocracia ilustrada

La autocracia ilustrada fue un método de administración que surgió en Europa durante el siglo XVIII. Pretendía aunar los principios de la autocracia, en la que un soberano tenía poder absoluto sobre su reino y su pueblo, con las ideas de la Ilustración, que subrayaban la racionalidad y la búsqueda del conocimiento.

Los pensadores de la Ilustración creían que sus soberanos debían ser individuos ilustrados y eruditos que utilizaran su poder para provocar cambios sociales, económicos y políticos. Ellos consideraban que los soberanos eran la máxima autoridad y creían que tenían la responsabilidad de gobernar en interés de sus súbditos, en lugar de limitarse a mantener su poder y sus privilegios.

La importancia de la autocracia ilustrada radicaba en que simbolizaba una nueva forma de concebir el gobierno. En lugar de considerar el poder como lo único importante, los autócratas ilustrados lo percibían como un medio para mejorar la sociedad. Al adoptar la racionalidad y la búsqueda del conocimiento, los soberanos podrían (hipotéticamente) crear una sociedad más justa y equitativa. Se tendrían en cuenta las necesidades del pueblo y el soberano sería responsable ante sus súbditos.

Los déspotas ilustrados proclamaban que su poder real no emanaba del derecho divino a gobernar, sino de un contrato social que les confiaba el poder de gobernar. Estos déspotas creían que el pueblo no podía mejorar su vida por sí solo y que era su responsabilidad ayudarle. En muchos casos, estos gobernantes eran benévolos y hacían muchas cosas buenas, pero al final aumentaban su dominio y su autoridad sobre las masas. Esta filosofía interesada afirmaba que el soberano conocía los intereses de sus súbditos mejor que ellos. Y si el monarca se responsabilizaba de sus súbditos, éstos no tendrían necesidad de participar en la política.

La autocracia ilustrada surgió como respuesta a los retos a los que se enfrentaron las monarquías europeas tras la popularización de la Ilustración. Como ya se ha mencionado, la Ilustración cuestionó muchas de las fuentes convencionales de autoridad, incluido el derecho de los reyes y la autoridad de la Iglesia católica.

Así, algunos soberanos creyeron que acogerse a los ideales de la Ilustración les permitiría reforzar su poder. Creían que, al acogiéndose a la Ilustración, podrían promover el bienestar de sus súbditos y cimentar su lugar en la historia como "gobernantes ilustrados".

Los soberanos ilustrados, como Federico II de Prusia, fomentaron las reformas económicas y sociales, incluyendo la erradicación de la servidumbre y la promoción de la educación. Catalina la Grande de Rusia y otros gobernantes fomentaron el desarrollo cultural e intelectual, patrocinando las artes y las ciencias y defendiendo los ideales de la Ilustración.

Los déspotas ilustrados reconocieron la importancia de la educación, tanto para ellos como para su pueblo. Creían que una población instruida podía contribuir mejor a la sociedad y apoyar los objetivos del monarca. Muchos déspotas ilustrados apoyaron las escuelas y promovieron la educación.

Aunque el despotismo ilustrado logró cierto éxito a la hora de propugnar reformas y mejorar el nivel de vida de los súbditos, tuvo sus limitaciones. En primer lugar, los déspotas ilustrados conservaban la autoridad absoluta, lo que significaba que podían reprimir la disidencia y restringir las libertades políticas. Además, muchas de las reformas aplicadas seguían teniendo un alcance limitado y no abordaban las desigualdades fundamentales que prevalecían en las sociedades europeas.

En general, el despotismo ilustrado representó un momento crucial en la historia europea, poniendo de relieve la tensión entre las autoridades convencionales y los ideales de la Ilustración. Aunque tenía sus limitaciones, el despotismo ilustrado demostró que es posible utilizar el poder para un bien mayor y defendió la noción de que los gobiernos tenían el deber de promover el bienestar de sus ciudadanos. El legado de la autocracia ilustrada aún puede observarse en la actualidad, especialmente en la creencia de que los gobiernos trabajan por el bien común y ayudan a las personas bajo su mandato.

Federico el Grande de Prusia

Retrato de Federico el Grande

https://en.wikipedia.org/wiki/File:Friedrich_II.,_K%C3%B6nig_von_Preu%C3%9Fen_(Frisch).jpg

Federico el Grande de Prusia (también conocido como Federico II) es considerado como uno de los monarcas ilustrados más prósperos e influyentes del siglo XVIII. Durante su largo reinado, desde 1740 hasta 1786, llevó a cabo importantes reformas que ayudaron a transformar Prusia en un estado moderno, próspero y poderoso.

Federico hizo algunos progresos en la mejora de las condiciones de sus súbditos. Por ejemplo, tuvo bastante éxito en el control de los precios del grano. Los almacenes del gobierno almacenaban cantidades suficientes de grano y lo distribuían en épocas de necesidad al pueblo para que pudiera sobrevivir a los tiempos difíciles en los que la cosecha era escasa. Federico fue también un buen administrador, y mejoró la burocracia y la administración pública. Abolió la tortura, concedió la amnistía a los presos políticos y estableció un poder judicial independiente, que garantizaba una justicia imparcial.

Federico era partidario de la libertad de pensamiento. También era bastante tolerante en cuestiones religiosas, y permitía al pueblo practicar su propia religión, en lugar de imponer una por parte del Estado. Federico en gran medida era no practicante, aunque el protestantismo se convirtió en la religión más favorecida. Aunque protegió y fomentó el comercio de los ciudadanos judíos del imperio, expresó en repetidas ocasiones unos fuertes sentimientos antisemitas. Aun así, amplió los derechos de la población judía, permitiéndoles establecerse en territorios prusianos y practicar su religión libremente. Antes de esto, habían sido perseguidos en gran medida. Federico también animó a inmigrantes de diversas nacionalidades y credos a ir a Prusia.

Además, promovió la educación, especialmente las ciencias, y fomentó el crecimiento cultural y artístico. Fue un prolífico escritor y compositor, y su corte atrajo a muchos de los principales intelectuales de la época.

Federico llevó a cabo importantes reformas económicas. Fomentó el comercio, promovió la productividad agrícola y apoyó el crecimiento de la industria. Abolió la servidumbre y otras obligaciones feudales, concediendo mayor libertad a los campesinos y a la clase media. También reformó el sistema tributario, haciéndolo más equitativo y eficiente, y estableció una burocracia centralizada, que consolidó su poder y promovió una forma de gobierno eficaz.

Sin embargo, a pesar de sus numerosos éxitos, Federico no estuvo exento de fracasos y controversias. Participó en numerosas guerras durante su reinado, a menudo para expandir el territorio y la influencia de Prusia, lo que supuso una importante pérdida de vidas y recursos. También fue criticado por su autoritarismo, que se consideraba incompatible con su compromiso declarado con los valores de la Ilustración. Censuró la prensa, restringió la libertad de expresión y reprimió la disidencia.

Federico el Grande de Prusia fue una figura compleja y polifacética. Como monarca ilustrado, abrazó muchos de los valores de la Ilustración, promoviendo la tolerancia religiosa, el progreso económico y el crecimiento cultural e intelectual. Sin embargo, sus tendencias autoritarias y su ambición militar suscitaron importantes críticas, poniendo de relieve las tensiones inherentes al concepto de despotismo ilustrado.

Carlos III de España

Cuadro de Carlos III
https://en.wikipedia.org/wiki/File:Charles_III_of_Spain_high_resolution.jpg

Carlos III de España reinó de 1759 a 1788. Fue probablemente el gobernante europeo más exitoso de su época. Ejerció un liderazgo firme, coherente e inteligente. Eligió ministros competentes, y su vida personal fue más bien casta y poco dramática, lo que le granjeó el respeto del pueblo.

Durante su reinado, transformó España en un estado más moderno. Sus políticas buscaban promover el crecimiento económico y la justicia social. Carlos liberalizó la economía, estableció cámaras de comercio, creó nuevas industrias y promovió la ciencia.

En Madrid, Carlos estableció una nueva aduana, un hospital, una fábrica de porcelana y un museo de la naturaleza. También supervisó la mejora del alcantarillado, el alumbrado público y las carreteras. Se reorganizó el gobierno municipal y se renovaron los teatros.

Carlos III fue un mecenas del arte y la ciencia. Impulsó el crecimiento del arte, apoyando a artistas y músicos y fomentando el desarrollo de la literatura y el teatro en España. El nuevo espíritu de progreso impregnó todos los aspectos de la vida pública.

Carlos III llevó a cabo importantes reformas agrarias e industriales encaminadas a mejorar la productividad y a apoyar el crecimiento económico. Impulsó el crecimiento del comercio y el intercambio, eliminando las barreras comerciales y promoviendo el libre comercio dentro de España y con otros países europeos. Estas reformas incluyeron un real decreto que "ennoblecía" los oficios mecánicos. Creó fábricas estatales que proporcionaban empleo productivo a los pobres.

Sin embargo, sus reformas no siempre funcionaron según lo previsto. La "ennoblecimiento" de los oficios mecánicos no produjo los resultados deseados. Sin embargo, la economía experimentó un repunte. La población de España pasó de ocho a doce millones de habitantes bajo su mandato, lo que provocó un aumento de la demanda de alimentos y una fuerte subida de los precios. El aumento de la población benefició a los grandes terratenientes del sur y a los pequeños agricultores cercanos a las ciudades en expansión, como Barcelona. Lo más destacable de esta reactivación económica fue la aparición de una moderna industria textil algodonera en Cataluña.

La industria del hierro en la región vasca, que se encontraba desfasada, comenzó a modernizarse lentamente. La industria pesquera creció en Galicia, donde los pescadores inmigrantes llegados de Cataluña llegaron a prosperar. Cataluña también se convirtió en un centro neurálgico para el comercio del brandy.

Además, hubo muchas reformas en el sector financiero, como la desaparición de muchos impuestos, el fomento de los mercados locales y la apertura del comercio con América.

No obstante, Carlos III tuvo algunos otros fracasos. Sus esfuerzos por fomentar el crecimiento económico se hicieron a menudo a costa de las clases bajas, y sus políticas respecto a las clases trabajadoras fueron a menudo severas y explotadoras. Llevó a cabo importantes reformas fiscales que afectaron desproporcionadamente a los pobres, y sus políticas laborales fueron con frecuencia opresivas y restrictivas. Su legado como monarca de la Ilustración persiste en España, pero su reinado también nos recuerda la naturaleza contradictoria del absolutismo ilustrado.

Catalina la Grande de Rusia

Retrato de Catalina la Grande
https://en.wikipedia.org/wiki/File:Catherine_II_by_J.B.Lampi_(1794,_Hermitage).jpg

El reinado de Catalina la Grande de Rusia se prolongó desde 1762 hasta 1796 y estuvo marcado por importantes innovaciones y reformas que transformaron a Rusia en una gran potencia a nivel mundial.

El ascenso de Catalina al poder mediante un golpe de estado fue un acontecimiento dramático y violento en la historia rusa. En 1762, el marido de Catalina, Pedro III, se convirtió en zar de Rusia. Pedro era un gobernante impopular y peculiar que tenía poco interés en gobernar. Apenas sabía hablar ruso, ya que se había criado en lo que actualmente es Alemania. Estaba más absorto en los asuntos militares y se sabía que admiraba al rey de Prusia, Federico el Grande, hasta el punto de vestirse con uniformes militares prusianos.

Catalina, por el contrario, era popular entre la población rusa y tenía un gran interés por la política y la cultura. Llegó a Rusia desde su Alemania natal cuando era adolescente para casarse con Pedro, pero su matrimonio fue infeliz y lleno de tensiones.

Tras sólo unos meses en el trono, el comportamiento errático de Pedro y sus políticas impopulares distanciaron a muchos de sus partidarios. El 28 de junio de 1762, Catalina y sus partidarios dieron un golpe de estado. El golpe fue rápido. Pedro fue arrestado y obligado a abdicar en favor de Catalina. Más tarde fue asesinado en circunstancias misteriosas, y muchos creen que fue por orden de Catalina.

Uno de los mayores logros de Catalina como monarca ilustrada fue su defensa de la educación, la cultura y las artes. Creó escuelas, hospitales y orfanatos, y promovió el desarrollo del arte y las ciencias. Fue una escritora prolífica y mantuvo correspondencia con muchos de los principales intelectuales de la época. También patrocinó la construcción del Museo del Hermitage, que llegó a albergar una de las mayores y más prestigiosas colecciones de arte del mundo.

Otro de los logros de Catalina fue la expansión del Imperio ruso. Se anexionó Crimea, el Cáucaso y algunas partes de Polonia, ampliando considerablemente las fronteras y la influencia de Rusia. Esta expansión contribuyó a establecer a Rusia como una gran potencia europea y sentó las bases para su posterior dominio en el siglo XIX.

Sin embargo, a pesar de sus logros, Catalina tuvo que enfrentarse a algunas polémicas. Su mayor fracaso fue quizá su incapacidad para resolver los problemas fundamentales a los que se enfrentaba Rusia a nivel social y económico. Mantuvo la servidumbre, un sistema feudal de trabajo que mantenía a millones de campesinos en la esclavitud, y no llevó a cabo reformas significativas en las estructuras políticas y económicas del país. Este fracaso provocó un malestar social y una oposición generalizados, que contribuyeron a la caída de la dinastía

Romanov.

Un ejemplo de la crueldad de Catalina la Grande fue su respuesta a la rebelión de Pugachev, que tuvo lugar entre 1773 y 1775. Catalina ordenó una brutal represión de los rebeldes, utilizando la fuerza militar para hacerlo. Miles de rebeldes fueron capturados, y Pugachev fue finalmente capturado y ejecutado. Su cuerpo fue descuartizado en Moscú. La venganza de Catalina fue muy severa, con ejecuciones masivas, torturas y represalias contra quienes se creía que habían apoyado la rebelión. Decenas de miles de personas murieron durante la ofensiva contra la rebelión de Pugachev.

La retórica ilustrada de Catalina a menudo contradecía sus políticas y prácticas reales. Fue una gobernante autocrática que limitó la libertad de prensa, expresión y reunión del pueblo. También participó en guerras imperialistas y su política hacia Polonia y otros territorios fue a menudo despiadada y explotadora.

Catalina murió en 1796 en San Petersburgo, Rusia. Su muerte marcó el final de un reinado largo y con mucha agitación que se prolongó durante más de tres décadas y en el que se produjeron importantes cambios políticos, sociales y culturales en Rusia.

El reinado de Catalina la Grande estuvo marcado por los logros y el progreso de muchas áreas, pero también se vio empañado por casos de brutalidad, opresión y críticas. A pesar de esto, no se puede negar el impacto de Catalina en la historia rusa y su contribución al desarrollo político y cultural del país. Sigue siendo una figura importante de la historia rusa y mundial.

Leopoldo I de Toscana

Leopoldo I de Toscana, también conocido como el Gran Duque Leopoldo I, fue uno de los monarcas ilustrados más prósperos y progresistas del siglo XVIII. A lo largo de su reinado, de 1765 a 1790, llevó a cabo notables reformas encaminadas a modernizar la Toscana y convertirla en un Estado más eficiente y justo.

Uno de los logros de Leopoldo I como monarca ilustrado fue la introducción de importantes reformas agrícolas e industriales destinadas a mejorar la eficiencia y estimular el crecimiento fiscal. Fomentó el comercio y los intercambios eliminando obstáculos y promoviendo el libre comercio. Leopoldo también instituyó el primer sistema moderno de seguros en Europa, que protegía a la población contra la pérdida o destrucción de sus bienes.

Leopoldo I financió las artes y las ciencias. Apoyó la "Accademia dei Georgofili", que se centraba en el estudio de la agricultura, y también promovió la "Accademia delle Belle Arti", centrada en las artes. Leopoldo fomentó la proliferación del arte, patrocinando a artistas y músicos, y respaldó el desarrollo de la literatura y el teatro de la Toscana.

Leopoldo abolió la pena capital y se aseguró de que todo el mundo pudiera vacunarse fácilmente contra la viruela. Creó hospitales para enfermos mentales, siendo uno de los primeros en hacerlo. Aunque estos hospitales no eran como los de hoy en día, sus médicos no creían en la tortura o en los castigos para los que vivían allí.

Pero, por supuesto, Leopoldo I tenía sus defectos. Y esos defectos salieron a la luz principalmente cuando tomó el relevo de su hermano en el Sacro Imperio Romano Germánico, convirtiéndose en Leopoldo II. Aunque continuó con algunas de sus políticas ilustradas mientras gobernaba este vasto territorio, también utilizó la fuerza bruta. No quería ser impopular entre sus súbditos, principalmente entre los nobles. Para sofocar un disturbio, Leopoldo volvió a someter al yugo de la esclavitud a miles de personas que habían sido liberadas de la servidumbre. Leopoldo era un político, y actuó como tal cuando se vio forzado a hacerlo

El reinado de Leopoldo I contribuyó a transformar la Toscana en un estado más moderno y próspero. Pero sus políticas, especialmente una vez convertido en emperador del Sacro Imperio Romano Germánico, pudieron ser injustas.

José II de Austria

José II, también conocido como José el Reformador o José el Grande, fue un emperador del Sacro Imperio Romano y archiduque de Austria que gobernó de 1765 a 1790. José era hermano de Leopoldo I. José era partidario del absolutismo ilustrado. Es conocido por sus ambiciosas y amplias reformas destinadas a modernizar Austria y mejorar la vida de sus súbditos. Sin embargo, su reinado también estuvo marcado por la controversia, los desafíos y, en última instancia, por un legado inacabado.

Uno de los mayores logros de José fue su política de tolerancia religiosa. Puso fin al control de la Iglesia católica sobre la educación, lo que permitió una mayor libertad intelectual y la proliferación de la investigación científica. También concedió protección religiosa a las minorías protestantes y ortodoxas y promovió los derechos de los judíos. Además, reformó el sistema judicial, otorgando mayor protección a los acusados y mejorando la eficacia de los procedimientos legales.

José también reformó la economía y el sistema social. Llevó a cabo importantes reformas agrarias e industriales destinadas a aumentar la productividad y el crecimiento económico. Una de sus principales medidas fue la abolición de la servidumbre y la concesión de mayores libertades a los campesinos y a la burguesía. Reestructuró el sistema fiscal y eliminó las barreras comerciales, fomentando una mayor integración económica dentro y fuera del Sacro Imperio Romano.

Sin embargo, las políticas ilustradas de José se encontraron a menudo con una importante oposición. Sus esfuerzos por centralizar el poder y eliminar la autonomía regional se toparon con la resistencia de la aristocracia, que veía cómo sus privilegios y poderes tradicionales se veían afectados por lo que consideraba medidas radicales. Sus intentos de reformar la Iglesia católica también encontraron la oposición de los clérigos conservadores, que veían cómo se erosionaba su influencia y su poder. Además, sus políticas hacia los húngaros y otras minorías étnicas fueron a menudo muy duras y contribuyeron al sentimiento nacionalista y a la oposición.

Otro aspecto cautivador de la vida de José fue su relación con su madre, la emperatriz María Teresa. José fue la mano derecha y el principal consejero de su madre durante muchos años. Sin embargo, su relación no estuvo exenta de tensiones y conflictos, principalmente por las políticas progresistas de José y su deseo de modernizar el imperio.

José II fue una figura controvertida cuyo reinado estuvo marcado tanto por los éxitos como por los fracasos. Su promoción de la tolerancia religiosa y la modernización social ayudó a transformar el Sacro Imperio Romano en un estado más eficiente y justo, pero sus esfuerzos por centralizar el poder y eliminar la autonomía regional se toparon a menudo con el resentimiento de la élite y de los ciudadanos húngaros, lo que le hizo impopular y le aisló políticamente de otras naciones. Su legado como monarca ilustrado sigue siendo hoy tema de debate entre los historiadores.

Gobernantes absolutistas: ¿Progreso o fracaso?

Los gobernantes absolutistas solían considerarse el poder supremo en sus territorios, ya que su autoridad no estaba sujeta a ninguna restricción. Esto podía ser tanto una ventaja como un defecto. Por un lado, los gobernantes absolutistas tenían poder para llevar a cabo transformaciones radicales y promulgar políticas que consideraban beneficiosas para sus súbditos. Sin embargo, esto también significaba que podían actuar con impunidad y que, a menudo, no tenían en cuenta los deseos de sus súbditos.

Los gobernantes absolutistas mencionados en este capítulo eran poderosos por derecho propio, y sus reinados tuvieron un impacto duradero en sus naciones y en la historia europea. Aunque todos ellos eran gobernantes absolutistas, también se adhirieron a los principios de la Ilustración y trataron de fomentar el progreso y la reforma, reflejando la evolución de las actitudes de la época.

No obstante, estos gobernantes eran sólo eso, gobernantes. Querían conservar su poder y garantizar que éste se transmitiera a sus herederos. Numerosas personas se sentían molestas bajo su dominio y se sentían resentidos por el hecho de no tener voz en el gobierno. Además, la concentración de poder en manos de un gobernante solitario solía dar lugar a corrupción, nepotismo y abusos de poder. Esto, a su vez, debilitaba la legitimidad de la monarquía y provocaba rebeliones o revoluciones.

En general, el triunfo y la aceptación de los monarcas absolutistas variaron mucho. Mientras que algunos fueron capaces de emplear su poder para fomentar el progreso y facilitar la vida de sus súbditos, otros fueron considerados opresores y corruptos, lo que provocó un descontento generalizado e incluso una revolución.

Capítulo 5 – Pilares básicos del pensamiento ilustrado

Los pilares básicos del pensamiento ilustrado son la razón, el individualismo, el escepticismo y el progreso. Otros conceptos fundamentales son la separación de la Iglesia y el Estado y el gobierno constitucional.

La razón

La era anterior a la Ilustración abarca un largo periodo de la historia, pero uno de los primeros intelectuales que defendió el uso de la razón fue el antiguo filósofo griego Aristóteles (384-322 a.C.). Aristóteles creía que la razón era la clave para comprender el mundo y que los seres humanos podían utilizarla para averiguar la verdad y el conocimiento. Enfatizaba la importancia de la observación, el análisis y la lógica.

Las ideas de Aristóteles sobre la razón influyeron en muchos pensadores posteriores, entre ellos el filósofo medieval Tomás de Aquino (1225-1274), que intentó conciliar la filosofía de Aristóteles con la teología cristiana. Aquino sostenía que las personas podían emplear la razón para entender el mundo natural, pero que la fe era esencial para comprender los asuntos espirituales.

Aceptar la razón supuso un cambio radical en la forma en que la gente entendía el conocimiento. Antes de la Ilustración, el conocimiento se basaba en lo que las figuras de autoridad, como la iglesia o el gobierno, enseñaban. La falta de educación, de libros y de otras fuentes fiables de información contribuía a que esto fuera así. Sin embargo, los pensadores de la Ilustración repudiaron la idea de que las figuras de autoridad fuesen las fuentes de conocimiento, argumentando que a menudo eran dogmáticas y supersticiosas y basaban la información en reglas arbitrarias en lugar de basarse en la razón.

Una de las figuras más eminentes e influyentes asociadas al auge del uso de la razón para comprender el conocimiento fue el filósofo francés René Descartes, que vivió entre 1596 y 1650. Descartes sostenía que las personas podían adquirir conocimiento a través de la razón y que el escepticismo era crucial para comprobar la validez de las afirmaciones.

Por supuesto, hubo quienes se opusieron al auge de la razón, principalmente la Iglesia católica. La Iglesia veía el énfasis en la razón y la evidencia empírica como una amenaza para su autoridad, por lo que se opuso activamente a muchas ideas y prácticas asociadas con la Ilustración. Por ejemplo, la Iglesia condenó a Galileo por su apoyo al modelo heliocéntrico del sistema solar, que contradecía las enseñanzas eclesiásticas.

Algunos intelectuales de la Ilustración también criticaron la racionalidad y subrayaron las limitaciones de la razón. El filósofo alemán Immanuel Kant sostenía que la razón tenía sus limitaciones. Opinaba que había ciertos aspectos del mundo, como la moralidad y la existencia de Dios, que no podían comprenderse únicamente a través de la razón.

El éxito del método científico, el auge de nuevas formas de comunicación, la evolución de nuevas ideas filosóficas y políticas y la aplicación de la razón a la vida cotidiana convenció a la gente sobre la importancia del pensamiento lógico.

Individualismo

La aparición del individualismo simbolizó un cambio significativo en la forma de entender el papel individual de cada persona en la sociedad, destacando la importancia de los derechos personales y el autogobierno. La idea del individualismo afectó profundamente al progreso de la democracia liberal moderna y a la preservación de los derechos y libertades individuales.

Pero, ¿qué es exactamente el individualismo? En pocas palabras, el individualismo promueve la idea de que el individuo es más importante que el Estado. Los pensadores de la Ilustración que promovían esta creencia querían que la gente se diera cuenta de que tenía metas y sueños que merecían ser cumplidos, no arrinconados para que el gobierno les obligara a trabajar en el campo.

Algunos de los factores más importantes que contribuyeron al auge del individualismo durante la Ilustración fueron los nuevos sistemas económicos y sociales, como el auge del comercio, el ascenso de la clase media y el declive del feudalismo. Estos cambios crearon nuevas oportunidades de movimiento social y prosperidad económica.

Los pensadores de la Ilustración fueron fundamentales a la hora de promover el individualismo, afirmando que los individuos debían ser libres para perseguir sus intereses y deseos sin la intromisión del Estado u otras autoridades. Destacaron la importancia del derecho a la libertad de expresión, la libertad religiosa y el derecho a la propiedad. También intentaron limitar el poder del Estado y otras instituciones para salvaguardar estos derechos.

Uno de los intelectuales más influyentes asociados al ascenso del individualismo durante la Ilustración fue el pensador inglés John Locke, que vivió entre 1632 y 1704. Locke afirmaba que las personas tenían derechos fundamentales y que el Estado debía preservarlos. También sostenía que la autoridad de los gobiernos debía depender del consentimiento de las personas a las que se gobernaba.

Otro defensor del individualismo fue el filósofo francés Jean-Jacques Rousseau, que vivió entre 1712 y 1778. Afirmaba que los individuos nacían libres e iguales y que tenían ciertos derechos naturales, entre ellos el derecho a la vida y a la libertad. Destacaba la importancia del autogobierno y la autodeterminación individuales, sosteniendo que las personas deberían poder perseguir sus intereses y deseos sin interferencias indebidas del Estado u otras formas de autoridad.

Las ideas de Rousseau diferían significativamente de las formas tradicionales de organización social, destacando la importancia del deber, la obligación y la deferencia a la autoridad. Su énfasis en el individualismo allanó el camino para una nueva forma de entender la relación entre los individuos y la sociedad.

Paradójicamente, Rousseau, aunque era partidario del individualismo, también criticó ciertos aspectos del individualismo que, en su opinión, contribuían a la desigualdad social y a la injusticia. Rousseau sostenía que el individualismo podía conducir al egocentrismo y a la fragmentación social. Creía que podía socavar los lazos sociales y los valores compartidos que eran necesarios para una sociedad cohesionada y justa.

Otros opositores del individualismo eran las autoridades religiosas y los líderes políticos conservadores, que consideraban que el individualismo amenazaba las formas tradicionales de poder y la jerarquía social. Sostenían que el individualismo podía conducir a la decadencia moral, el desorden social y la inestabilidad política, por lo que trataban de promover formas más convencionales de organización social y autoridad.

El individualismo es una creencia prominente hoy en día, y muchos países, como Estados Unidos, Sudáfrica y Alemania, basan su gobierno en ello. Es probable que el individualismo siga extendiéndose en los próximos años.

Escepticismo

El escepticismo se refiere a la mentalidad crítica hacia las creencias y prácticas convencionales. Los pensadores de la Ilustración se alejaron de la idea de una autoridad tradicional y trataron de cuestionar las normas y convenciones establecidas. Creían en la importancia de cuestionar la información y validar las ideas mediante la observación empírica y la investigación científica, en lugar de recibir información de un clérigo o un rey. El escepticismo va de la mano de la razón, ya que los escépticos querían utilizar la lógica para demostrar que las antiguas creencias eran erróneas.

Uno de los principales defensores del escepticismo fue el filósofo francés René Descartes. Descartes subrayó la importancia de la duda como medio para cuestionar las creencias y suposiciones aceptadas. Defendía que las personas debían confiar en sus propios pensamientos y juicios para evaluar la veracidad de diversas afirmaciones.

El pensador escocés David Hume, que vivió entre 1711 y 1776, es considerado uno de los mayores defensores del escepticismo. Sostenía que el conocimiento sólo podía derivarse del sentido y la experiencia. Hume afirmaba que cualquier afirmación que no pudiera verificarse mediante la observación y la experimentación debía tratarse con escepticismo. En su opinión, el conocimiento que tiene la gente de las relaciones causa-efecto se basa en una conjunción constante de sucesos más que en cualquier conexión lógica entre ellos.

Hume también aplicó su enfoque escéptico a las afirmaciones religiosas y éticas, argumentando que estas no podían establecerse mediante la razón o la observación y que, por tanto, se basaban en la fe y los sentimientos. Las opiniones escépticas de Hume sobre la religión y la moral fueron polémicas. Suscitaron críticas generalizadas, pero también contribuyeron a un cambio cultural más amplio y hacia un enfoque más crítico y científico de las cuestiones sociales y morales.

Las instituciones y figuras religiosas denunciaron a menudo a los escépticos, sobre todo en relación con las afirmaciones religiosas, argumentando que la fe era indispensable para establecer la verdad de las doctrinas religiosas. Algunos filósofos e intelectuales también criticaron el escepticismo, argumentando que conducía al relativismo o al nihilismo, lo que socavaba los fundamentos del conocimiento y la moral.

El filósofo alemán Friedrich Nietzsche criticó este enfoque escéptico del conocimiento, argumentando que erosionaba la posibilidad de una verdad objetiva y dejaba a los individuos sin ninguna brújula moral o intelectual. La crítica de Nietzsche al escepticismo formaba parte de un cambio cultural más amplio hacia un enfoque más subjetivo y existencialista del conocimiento y la verdad, que rechazaba la noción de realidad objetiva en favor de una visión del mundo más subjetiva e individualista. Este concepto es un poco complejo, pero para simplificarlo, Nietzsche creía que las personas veían el mundo basándose en sus propias experiencias y que no había una única forma "correcta" de vivir.

El impacto de las agitaciones religiosas y políticas llevó a muchas personas a analizar más detenidamente la autoridad y las afirmaciones de los dirigentes. Por ejemplo, la Reforma protestante desafió el poder de la Iglesia católica y animó a la gente a leer e interpretar la Biblia por sí mismos, contribuyendo a un enfoque más crítico de las afirmaciones religiosas.

Del mismo modo, las revoluciones políticas de la época, como la estadounidense y la francesa, desafiaron la autoridad de las monarquías y aristocracias tradicionales y animaron a la gente a cuestionar la legitimidad del poder político.

Progreso

Los pensadores de la Ilustración creían que la sociedad podía mejorar a través de la razón y la aplicación del conocimiento científico, un concepto conocido como progreso. El progreso supuso un cambio significativo en la forma de ver la historia y la sociedad humanas. Antes de la Ilustración, la gente creía que el mundo era estático e invariable y que la historia humana no era más que un ciclo de subidas y bajadas.

Los pensadores de la Ilustración desafiaron esta visión, argumentando que la sociedad progresaba y mejoraba a través de la razón, el escepticismo y el individualismo. Muchos pensadores de la Ilustración creían que el progreso era esencial para que los seres humanos prosperaran y crearan una sociedad justa. Los pensadores de la Ilustración produjeron obras sobre temas como la ciencia, la filosofía, la economía y la política, utilizando la retórica para persuadir a sus lectores de la importancia del progreso.

Algunos filósofos de la Ilustración, como Immanuel Kant, sostenían que el progreso era el resultado de la búsqueda de la lógica por parte del hombre. Otros, como Adam Smith, consideraban que el progreso era el resultado del crecimiento del comercio y los intercambios, que facilitaban la creación de riqueza y la difusión de las ideas.

El filósofo y escritor francés Voltaire fue una de las figuras más influyentes en la configuración del concepto de progreso. Fue un escritor prolífico que creó obras sobre diversos temas, como historia, política, filosofía y religión. Fue un firme defensor de la razón y el individualismo, y creía que el progreso era fundamental para la prosperidad humana y la creación de una sociedad justa.

En su célebre obra "*Cándido*", Voltaire ridiculizaba la idea de que se vivía en el "mejor de los mundos posibles", argumentando en su lugar que el mundo estaba lleno de sufrimiento e injusticia que sólo podían mejorarse mediante la búsqueda de los valores de la Ilustración. Defendió la tolerancia religiosa, la libertad de expresión y la separación entre la Iglesia y el Estado, que consideraba esenciales para crear una sociedad más abierta.

Uno de los principales motores del progreso durante la Ilustración fue el auge de la ciencia, que permitió comprender mejor el mundo natural y desarrollar nuevas tecnologías e innovaciones. Esto, a su vez, condujo a mejoras en la medicina, la agricultura, el transporte y otros campos, que contribuyeron a mejorar la vida de la gente.

Los poetas y pensadores románticos que surgieron a finales del siglo XVIII y principios del XIX rechazaron el énfasis en la razón y alabaron en su lugar la emoción, la imaginación y la intuición. Desconfiaban de que el progreso humano pudiera lograrse aplicando la razón y la tecnología. Criticaban la fe de la Ilustración en el progreso como una idea ingenua y peligrosa. Pensaban que la ciencia, la tecnología y el énfasis en la lógica harían la vida aburrida y carente de creatividad y romanticismo.

El filósofo alemán Friedrich Nietzsche sostenía que el énfasis en la razón y el progreso conducía a una pérdida de sentido y propósito en la vida moderna. Abogó por rechazar los valores de la Ilustración en favor de una filosofía más individualista y de afirmación de la vida.

El auge del progreso durante la Ilustración fue producto de una compleja interacción de factores sociales y políticos, y se vio impulsado por un creciente optimismo y la creencia en el poder de la razón humana para mejorar el mundo.

La separación de la Iglesia y el Estado

La separación de la Iglesia y el Estado se refiere al concepto de que el gobierno no debe involucrarse en asuntos eclesiásticos y viceversa. La gente también debería poder practicar su propia religión o no practicar ninguna por voluntad propia.

La idea de la separación de Iglesia y Estado surgió como reacción a siglos de luchas y persecuciones religiosas en Europa. La idea de que la religión y el gobierno debían mantenerse separados se consideraba una forma de fomentar la tolerancia y evitar los abusos de autoridad que se habían generalizado durante gran parte de la historia europea.

El filósofo francés Voltaire sostenía que los líderes religiosos no debían intervenir en los asuntos de gobierno. Creía que el gobierno debía ser indiferente a los asuntos religiosos, permitiendo a la gente practicar la religión que eligieran sin temor a represalias.

El filósofo inglés John Locke sostenía que el gobierno debía restringir su poder y permitir que la gente tuviera la libertad para seguir sus propias convicciones religiosas. Locke consideraba que la tolerancia religiosa era crucial para promover la armonía social y pensaba que el gobierno no tenía derecho a inmiscuirse en las creencias o prácticas religiosas.

En Estados Unidos, la separación de Iglesia y Estado se formalizó en la Primera Enmienda de la Constitución, que establece: "El Congreso no aprobará ninguna respecto al establecimiento de una religión o que prohíba su libre ejercicio". Este principio ha sido una piedra angular de la democracia estadounidense desde entonces y ha contribuido a garantizar que el gobierno no muestre parcialidad hacia ninguna religión ni utilice su poder para reprimir a las minorías religiosas.

Sin embargo, algunos no estaban de acuerdo con el concepto. El filósofo francés Jean-Jacques Rousseau opinaba que la religión y el Estado debían estar entrelazados. Sostenía que las convicciones y prácticas religiosas eran indispensables para crear un sentimiento de comunidad y cohesión social. También sostenía que el Estado tenía el deber de salvaguardar y promover los valores religiosos.

Las opiniones de Rousseau sobre la relación entre la religión y el Estado se oponían directamente a la separación de la Iglesia y el Estado. Sin embargo, sus opiniones no se impusieron finalmente, y el principio de la separación de la Iglesia y el Estado sigue siendo un principio fundamental de las democracias occidentales contemporáneas.

Gobierno constitucional

Un gobierno constitucional se refiere a un gobierno en el que el poder está limitado por una constitución escrita que delimita los derechos y responsabilidades de los ciudadanos y los poderes del gobierno. Los intelectuales de la Ilustración sostenían que un gobierno constitucional era esencial para salvaguardar las libertades individuales y evitar el abuso de poder por parte de los gobernantes.

La Ilustración fue un periodo de inmensa agitación política y muchos intelectuales se plantearon cuál sería la mejor manera de crear una sociedad justa y estable. Una de las ideas principales que surgió durante esta época fue la del gobierno constitucional.

La creciente demanda de gobiernos constitucionales estaba estrechamente relacionada con la teoría del contrato social, que sostenía que un gobierno debía basarse en un acuerdo mutuo entre el pueblo y sus gobernantes. Esta teoría enfatizaba la importancia del individualismo y la necesidad de restringir el poder del gobierno para salvaguardar los derechos de los ciudadanos.

Uno de los defensores más influyentes del gobierno constitucional fue el filósofo inglés John Locke, que sostenía que el gobierno debía fundarse en el consentimiento de los gobernados y que una constitución debía limitar a las figuras de autoridad.

Otro destacado defensor del gobierno constitucional fue el filósofo francés Montesquieu, que vivió entre 1689 y 1755. En su notable obra *"El espíritu de la ley"*, publicada en 1748, Montesquieu abogaba por la separación de poderes en el gobierno y la limitación de que cualquier individuo o facción obtuviera todo el poder. Creía que la mejor forma de gobierno combinaba elementos de la monarquía y la democracia.

Montesquieu también pensaba que una constitución era obligatoria para proteger los derechos individuales e impedir los abusos de poder.

El auge de los gobiernos constitucionales estuvo estrechamente vinculado al crecimiento del capitalismo y el comercio. Con la expansión del comercio, la gente empezaron a exigir mayores garantías para sus derechos de propiedad y libertades individuales, lo que condujo al establecimiento de constituciones y otras protecciones legales.

Varios monarcas y aristócratas de la época se opusieron a restringir su poder mediante una constitución. Algunos pensadores conservadores, como Edmund Burke, sostenían que las tradiciones y costumbres de la sociedad debían sentar las bases de un gobierno en lugar de principios abstractos o documentos como una constitución. Burke también temía que un exceso de cambios o reformas pudiera generar confusión e inestabilidad. Veía la importancia de las instituciones religiosas para la estabilidad moral y el bien del Estado. Argumentaba que la Revolución Francesa acabaría de forma desastrosa porque sus fundamentos ignoraban la naturaleza humana y las complejidades de la sociedad.

Las revoluciones estadounidense y francesa nos enseñan ejemplos de gobiernos constitucionales eficaces en acción, que ayudaron a difundir esta idea. Sin embargo, la Revolución Francesa fue mucho más sangrienta e injusta, ya que muchas élites fueron perseguidas y asesinadas durante el Reinado del Terror. Finalmente, el gobierno democrático de Francia cayó en manos de Napoleón Bonaparte, que creó un imperio considerado más liberal, aunque su poder seguía siendo absoluto.

El auge de la imprenta y una mayor disponibilidad de libros y panfletos permitieron que todas las ideas de la Ilustración llegaran a un público más amplio. Los pilares esenciales del pensamiento ilustrado subrayan la importancia de la racionalidad, el individualismo, el progreso y el escepticismo para promover una mejor comprensión del mundo y de la sociedad.

Capítulo 6 – Genios intelectuales que cambiaron el curso de la historia

Imagine una época en la que el mundo seguía sujeto a la superstición, a los dogmas religiosos y al dominio monárquico. Una época en la que el conocimiento era un privilegio de la élite y la disidencia se castigaba brutalmente. En este contexto, surgió un grupo de pensadores radicales cuyas ideas cambiarían el curso de la historia para siempre.

Desde exploradores audaces a filósofos brillantes, desde economistas visionarios a escritores revolucionarios, estos grandes hombres no se contentaron con sentarse y aceptar cómo eran las cosas. Les movía un intenso deseo de comprender el mundo que les rodeaba y de hacer de este un lugar mejor.

En las siguientes biografías breves, podrá observar las apasionantes vidas e ideas de estos hombres extraordinarios y comprender su impacto en su mundo y en el nuestro.

John Locke

Un retrato de John Locke, uno de los pensadores más influyentes de la Ilustración
https://commons.wikimedia.org/wiki/File:John_Locke.jpg

John Locke (1632-1704) fue un filósofo y médico inglés considerado una de las figuras más influyentes de la Ilustración. Es conocido por sus contribuciones a la filosofía política, la teoría del conocimiento (epistemología) y la teoría educativa.

De joven, Locke estaba decidido a perseguir sus sueños, a pesar de los grandes obstáculos que se interponían en su camino. Le costaba llegar a fin de mes y luchaba constantemente contra las enfermedades, pero su pasión por el conocimiento y su espíritu inquebrantable le impulsaron a seguir adelante. La hazaña más notable de Locke fue su capacidad para superar las limitaciones que le imponía la sociedad, a pesar de haber nacido en una época en la que la clase social y la primogenitura dictaban el destino de cada uno.

El padre y la madre de Locke procedían de familias puritanas dedicadas al comercio. Su padre provenía de una familia de modistas y su madre de una de curtidores. Su padre se ganaba la vida como abogado y secretario de los jueces de paz de Somerset. Poseía algunas tierras, pero no las suficientes para que su familia viviera como aristócratas. Sin embargo, era suficiente para llevar una vida aceptable.

La vida de Locke hasta que cumplió la treintena fue poco emocionante. Durante más de tres décadas se dedicó a la política, pero cuando estaba a punto de llegar a los sesenta se hizo muy famoso como filósofo. Publicó sus escritos, siendo una de sus obras más notables *"Ensayo sobre el entendimiento humano"*, publicada en 1689.

La teoría del conocimiento expuesta en *"Ensayo sobre el entendimiento humano"* es, en cierto modo, extremadamente escéptica. Creía que los seres humanos nacían como pizarras en blanco que se iban llenando mediante sus propias experiencias vitales. En otras palabras, las personas no nacían con ideas innatas sobre cómo vivir; eso era algo que cada persona adquiría con el tiempo. También afirmaba que había un límite de conocimiento que una persona podía adquirir.

Como dice en su ensayo: "El conocimiento, decís, es sólo la percepción del acuerdo o desacuerdo de nuestras propias ideas: pero ¿quién sabe cuáles pueden ser esas ideas?".

Locke también es famoso por creer que los gobiernos deben basarse en el consentimiento de los gobernados y que los individuos tienen derecho a la vida, la libertad y la propiedad. Sostenía que la función del gobierno era proteger estos derechos. Si un gobierno no lo hacía, el pueblo tenía derecho a derrocarlo.

Obviamente, su filosofía tuvo un impacto significativo en el desarrollo de la democracia moderna, y sus ideas influyeron en las revoluciones estadounidense y francesa. También escribió mucho sobre educación, abogando por un enfoque que hiciera hincapié en el individualismo y animara a los estudiantes a pensar por sí mismos.

En la última década y media de su vida, ya anciano, enfermo e inmensamente reconocido, Locke pudo por fin ver la magnitud y el significado de sus logros. Locke fue un hombre que se negó a aceptar el statu quo y optó por desafiarlo a cada paso. Sus ideas siguen configurando el mundo en el que vivimos.

Baruch Spinoza

Baruch Spinoza (1632-1677) fue un rebelde en todos los sentidos de la palabra. De niño asistió a una escuela judía y a la sinagoga, donde estudió hebreo y las obras de teólogos judíos y árabes.

Aunque creció en el seno de una estricta familia judeo-portuguesa de Ámsterdam, desafió las creencias religiosas tradicionales de su comunidad y se atrevió a pensar por sí mismo. Sus ideas poco ortodoxas sobre Dios y la naturaleza le valieron la excomunión de la comunidad judía.

Spinoza fue tachado de hereje y acusado de trivializar el papel de Dios en el universo y en los asuntos humanos. Fue expulsado de la comunidad judía por hablar en contra de la religión y fue declarado hereje. Puso en duda la existencia de los milagros y la vida después de la muerte y cuestionó la autoridad de la Biblia. Su libro "*Tratado teológico-político*" fue declarado una obra maligna inspirada por el diablo. Su obra maestra, "*Ética*", propuso un sistema de una originalidad impresionante, pero fue condenada por la Iglesia católica. Se incluyó en la lista de libros prohibidos.

Sin inmutarse, Spinoza continuó explorando su filosofía radical, rechazando la noción de un Dios personal y abrazando el poder de la razón para comprender el mundo natural. Consideraba que las emociones y pasiones humanas obstaculizaban la investigación racional y defendía una fuerte separación entre Iglesia y Estado.

Hay una anécdota interesante sobre el profesor Albert Einstein, autor de la teoría de la relatividad, que declaró creer en el "Dios de Spinoza". En 1929, Einstein recibió un telegrama del rabino Herbert S. Goldstein, de la Sinagoga Institucional de Alemania, quien le preguntó: "¿Cree usted en Dios?". Einstein respondió al rabino: "Creo en el Dios de Spinoza, que se revela en la armonía ordenada de lo que existe, no en un Dios que se ocupa de los destinos y las acciones de los seres humanos".

Entonces, ¿quién era el Dios de Spinoza en el que creía Einstein? Según Spinoza, la Iglesia había caído en la ilusión de un Dios antropocéntrico, un ser externo que actuaba en el mundo de los asuntos humanos e intervenía según sus caprichos. Spinoza afirmaba que la Iglesia se asemejaba a Dios a un rey que concede recompensas por la sumisión y aplica castigos por cualquier pecado. Es interesante señalar que filósofos famosos, como Juan Calvino y René Descartes, también utilizaron en sus escritos la metáfora de que Dios es similar a un rey.

A pesar de sus ideas radicales, las obras de Spinoza fueron muy leídas y respetadas durante su vida, y sigue siendo una de las figuras más importantes de la Ilustración. Sus obras inspiraron a otros pensadores de la Ilustración, como Voltaire, Kant y Hume. Sus ideas fueron consideradas peligrosas y revolucionarias en su época, pero su influencia se dejaría sentir durante siglos.

Montesquieu

Charles-Louis de Secondat, barón de La Brède y de Montesquieu (1689-1755), fue un destacado filósofo y escritor francés. Nacido en el seno de una familia noble, Montesquieu se distinguió rápidamente como un brillante pensador y escritor de agudo intelecto y profunda pasión por la justicia.

Montesquieu se interesó sobre todo por la política y el derecho. Era partidario de un gobierno con poderes limitados en el que los dirigentes debían respetar la ley. Montesquieu creía que el poder del gobierno debía estar separado en ramificaciones para que ninguna persona o grupo tuviera demasiado poder. Las ideas de Montesquieu también incluían el escepticismo hacia la rígida estructura social de Francia. Fue un firme defensor de los derechos humanos, incluyendo la abolición de la esclavitud, y su obra contribuyó a preparar el terreno para la Revolución Francesa y el auge de la democracia en toda Europa.

La obra más famosa de Montesquieu, *"El espíritu de las leyes"*, publicada en 1748, fue una contribución pionera a la teoría política. En ella sostenía que la mejor forma de gobierno era la separación de poderes con controles y de manera equilibrada. Esta idea se convertiría en la piedra angular de la democracia moderna y de los gobiernos constitucionales.

Además de su filosofía política, Montesquieu era un crítico social, y sus escritos reflejaban a menudo su preocupación por el estado de la sociedad francesa. Fue crítico con la monarquía francesa, que consideraba opresiva y corrupta, y defendió los derechos individuales y la importancia de la libertad personal. Su reivindicación de más derechos fue considerada peligrosa por la élite gobernante. Sus escritos fueron a menudo censurados y destruidos.

Hoy se le considera uno de los más grandes filósofos de la Ilustración, y sus contribuciones a la teoría política y la crítica social siguen dando forma a nuestra comprensión del mundo que nos rodea.

Voltaire

Retrato de Voltaire
Nicolas de Largillière, CC0, via Wikimedia Commons;
https://commons.wikimedia.org/wiki/File:Nicolas_de_Largilli%C3%A8re_-_Portrait_de_Voltaire_(1694-1778)_en_1718_-_P208_-_mus%C3%A9e_Carnavalet_-_5.jpg

François-Marie Arouet, Voltaire (1694-1778) fue un escritor, historiador y filósofo francés considerado una de las mayores figuras literarias de su tiempo. Su vida estuvo llena de acontecimientos dramáticos que moldearon sus creencias e inspiraron sus escritos.

De joven, Voltaire era conocido por su agudo ingenio y su espíritu rebelde. Fue educado por jesuitas y estudió Derecho, pero pronto se desilusionó con el sistema legal francés. Comenzó a escribir poemas satíricos y obras de teatro que se burlaban de la aristocracia y la Iglesia. Como resultado, pronto se ganó la fama de alborotador. A menudo se enfrentaba a las autoridades.

En 1717, Voltaire fue detenido y encarcelado por insultar a un noble. En la cárcel, Voltaire sigue escribiendo y desarrollando sus ideas filosóficas. Al cabo de un año fue liberado, pero no pudo estar en Francia mucho tiempo. En 1726 fue desterrado a Inglaterra, donde conoció las obras de John Locke y otros pensadores de la Ilustración. Volvió a Francia en 1729 y pronto se vio envuelto en una serie de controversias sobre sus escritos y creencias.

Voltaire fue un apasionado defensor de los derechos humanos y la tolerancia religiosa, y sus ideas influyeron profundamente en el desarrollo del pensamiento occidental moderno. Parte de su influencia se debe a que escribió mucho más que nadie. La primera edición de sus obras completas, que está llevando a cabo la Fundación Voltaire de Oxford, ¡dará lugar a unos doscientos volúmenes!

Voltaire dominaba prácticamente todos los géneros literarios. Entre sus escritos podemos encontrar poesías de muy diversos estilos, sátiras, obras de teatro, óperas, historia, obras breves en prosa e incluso un tratado científico. Además de todo ello, posee la correspondencia más extensa de todos los escritores de la época.

Voltaire se interesó durante toda su vida por la ciencia y la filosofía, y mantuvo correspondencia con algunos de los pensadores más influyentes de su época, como John Locke, Isaac Newton y Jean-Jacques Rousseau. La vida de Voltaire estuvo llena de tragedias y sus escritos se enfrentaron a numerosas polémicas, pero su legado como defensor de la razón, la libertad y la justicia sigue inspirando a personas de todo el mundo.

David Hume

David Hume (1711-1776) fue un filósofo, historiador y economista escocés que desempeñó un papel clave en la Ilustración. Las aportaciones más importantes de Hume a la filosofía fueron su escepticismo y su creencia en el empirismo. Era escéptico respecto a los conceptos metafísicos tradicionales, como la causalidad (la creencia de que un acontecimiento provoca otro acontecimiento), y defendía que el conocimiento del mundo se basaba en la experiencia sensorial más que en el razonamiento abstracto.

Hume creció en una familia de intelectuales y le motivaba una insaciable curiosidad por el mundo que le rodeaba. De joven, Hume estudió Derecho e incluso trabajó brevemente como comerciante, pero su verdadera pasión era la filosofía. Pasó incontables horas leyendo y escribiendo. En su obra pionera, *"Tratado de la naturaleza humana"*, Hume argumentaba que no existe conexión entre causa y efecto y que nuestras creencias sobre el mundo se basan en el hábito y la asociación más que en la razón.

Planteó que las creencias religiosas tradicionales estaban anticuadas y debían sustituirse por un enfoque más científico. Sostenía que la razón y la experiencia debían ser la base de todo conocimiento y que la investigación científica debía utilizarse para comprender el mundo natural. La filosofía de David Hume suele presentarse como parte de un movimiento iniciado por John Locke en 1690. El tema principal de este movimiento es que los hombres no tienen más conocimiento del mundo que el que proviene de las experiencias, como los sentimientos, las sensaciones corporales, los sonidos, los olores y los sabores.

Además de su obra filosófica, Hume fue un importante historiador y economista. "*Historia de Inglaterra*" sigue siendo muy leída hoy en día y se considera un clásico. En economía, Hume defendía que un sistema monetario estable era esencial para el crecimiento económico y que la intervención del gobierno en la economía debía ser limitada.

Jean-Jacques Rousseau

Jean-Jacques Rousseau (1712-1778) nació en Ginebra, Suiza. Fue una figura extraordinaria cuyas ideas y escritos sacudieron los cimientos de la Ilustración. Llegó a ser uno de los pensadores más célebres de su época, a pesar de enfrentarse a constantes adversidades y problemas personales.

Aunque Rousseau nunca recibió una educación formal, desde muy joven mostró un intelecto prodigioso y una profunda curiosidad por el mundo que le rodeaba. Sus estudios de filosofía y literatura le llevaron a París en 1742, donde pronto se convirtió en la estrella de la élite intelectual. Llegó a ser profesor de música y entabló amistad con algunos de los principales académicos de la época, como Denis Diderot y Voltaire. En esta época comenzó a escribir y publicar sus obras, entre las que destaca su primer ensayo, "*Discurso sobre los efectos morales de las artes y las ciencias*", que le sirvió para obtener un gran reconocimiento.

Rousseau se presentó a un concurso de ensayo con una obra titulada "*Discurso sobre las artes y las ciencias*". Su ensayo respondía a la pregunta de si el progreso de las ciencias y las artes mejoraría o corrompería la moral humana. ¿Quién ganó el concurso? Rousseau, lo que le valió para ganar un mayor reconocimiento como filósofo.

En su ensayo, Rousseau dice que las ciencias y el arte entran en conflicto con la virtud y la moralidad. Continúa diciendo que la ciencia a menudo proporciona información falsa, lo que podría ser peligroso para la sociedad. Cuando la gente estudia artes y ciencias, se vuelve perezosa y desprecia la virtud. Cuando la gente sigue y disfruta el arte, se recompensa a las personas en función de su talento, lo que provoca desigualdades en la sociedad. Los valores ilustrados, si se emplean correctamente, enriquecen a la gente y, en opinión de Rousseau, la riqueza destruye la moralidad.

Pero Rousseau no se contentó con disfrutar del éxito de su ensayo, aunque muchos lo consideraran polémico. Mas bien, utilizó sus recursos para desafiar el pensamiento de la Ilustración. Rechazó la idea de que la razón fuera el único camino hacia la verdad y defendió la importancia de la emoción y la intuición humanas. Criticó las estructuras sociales y políticas de su época, argumentando que se basaban en la opresión y la injusticia.

A pesar del reconocimiento que obtuvieron sus ideas, Rousseau se vio constantemente asediado por problemas personales. La relación con su amante, Thérèse Levasseur, fue turbulenta a lo sumo, y sus sentimientos de aislamiento y desilusión se percibían en sus escritos.

Con el paso de los años, las ideas de Rousseau se volvieron más radicales y polémicas. Su obra maestra, *"El contrato social"*, expone una visión de la sociedad justa, que exige que el poder del gobierno emane del propio pueblo y que la libertad individual esté equilibrada con la responsabilidad social.

Como ocurrió con otros pensadores de la Ilustración, las ideas de Rousseau estuvieron expuestas a las críticas, y pronto se encontró en el centro de la controversia. Sus escritos fueron acusados de ser anticristianos y sus ideas fueron consideradas una amenaza para el orden establecido. Rousseau no llegó a ir a la cárcel, pero se le acabó exiliando a Inglaterra.

Rousseau era conocido por su visión idealista de la sociedad y su creencia en la bondad natural del hombre. También era conocido por su comportamiento algo excéntrico y tenía fama de paranoico e hipocondríaco. Hoy en día, Jean-Jacques Rousseau sigue siendo una de las figuras más enigmáticas y cautivadoras de la Ilustración.

Denis Diderot

Denis Diderot (1713-1784) fue un audaz y valiente filósofo y escritor francés que desafió sin temor a las autoridades tradicionales y abogó por una mayor libertad de pensamiento.

Diderot estuvo profundamente influido por las ideas de la Ilustración. Creía que el conocimiento debía ser accesible a todos, no sólo a la élite culta. En 1745 conoció a Jean le Rond d'Alembert, matemático y filósofo que compartía sus mismas ideas. Juntos empezaron a trabajar en la *Encyclopédie*.

Escribir la *Encyclopédie* fue una tarea gigantesca que requirió la colaboración de cientos de autores. Su objetivo era recopilar y organizar información sobre una amplia variedad de temas, como ciencia, filosofía, arte y política. Diderot fue el editor. Supervisó el proyecto y él escribió mismo muchos de los artículos.

Diderot fue un escritor prolífico. Escribió obras de teatro, novelas y ensayos sobre muchos temas. Su novela más famosa, "*Jacques el fatalista*", es una obra satírica que cuestiona el concepto tradicional del destino y del libre albedrío.

En "*Jacques el fatalista*", un amo y su criado cabalgan por Francia. Aparentemente el criado es libre y toma sus propias decisiones. La pareja viaja por todo el país, y la historia nos muestra una visión panorámica de la sociedad del siglo XVIII. Pero aunque el criado parece tomar sus propias decisiones, sigue convencido de una idea filosófica: que cada decisión que toma, por caprichosa que sea, está totalmente predeterminada.

La novela de Diderot es divertida y cómica. También es una apasionante exploración de la filosofía de la Ilustración. Brillantemente original en su estilo, está considerada como una de las mejores novelas de la literatura posmoderna.

La obra de Diderot fue a menudo controvertida y provocó frecuentes censuras y persecuciones por parte de las autoridades. Para evitar problemas, Diderot publicaba sus libros de forma anónima. Poco después de la aparición de los "*Pensamientos filosóficos*" en 1746, este libro se quemó públicamente en julio de ese mismo año. En 1749, las autoridades confirmaron que Diderot era el autor de estos peligrosos libros. Tras la publicación de "*Carta sobre los ciegos*", fue encarcelado en el calabozo de Vincennes durante tres meses.

En "*Carta sobre los ciegos*", Diderot sostenía que un ciego que de repente pudiese ver no entendería lo que está mirando. Tendría que percibir las cosas para comprenderlas. Diderot extendió este argumento al ámbito espiritual, afirmando que si una persona tiene que percibir las cosas para comprenderlas, entonces no existe una verdad espiritual universal.

No obstante, tras salir de la cárcel, Diderot siguió escribiendo y cuestionando las ideas tradicionales, contribuyendo a configurar la vida intelectual y cultural de Francia.

Adam Smith

Grabado de Adam Smith
https://en.wikipedia.org/wiki/File:AdamSmith.jpg

Adam Smith (1723-1790) fue un filósofo y economista escocés considerado el padre de la economía moderna. Desde muy joven, Smith se sintió fascinado por el mundo que le rodeaba y se sumergió en sus estudios. Devoraba las obras de los grandes pensadores de su época, como David Hume.

Smith se interesó por las ideas del libre comercio y la división del trabajo. Creía que un mercado libre conduciría al mayor crecimiento económico.

Sin embargo, fue la innovadora obra de Smith, "*La riqueza de las naciones*", la que le convirtió en una leyenda en los anales del pensamiento económico. Esta obra monumental, publicada en 1776, expone la visión de Smith de una economía de libre mercado, en la que la gente es libre de perseguir sus propios intereses sin interferencia del Estado. Este libro esbozaba sus ideas sobre el papel del gobierno en los asuntos económicos y sostenía que la intervención gubernamental en el mercado debía ser limitada. Las ideas de Smith tuvieron un impacto significativo en el desarrollo de la economía y la filosofía política, y su legado sigue influyendo en el pensamiento económico actual.

Smith fue también una figura importante de la filosofía moral. Creía que el comportamiento moral se basaba en la simpatía y la empatía hacia los demás y que los individuos tenían un sentido innato de la justicia y la moralidad que debía guiar sus acciones

Immanuel Kant

Un grabado de Immanuel Kant

https://commons.wikimedia.org/wiki/File:Immanuel_Kant_3.jpg

Immanuel Kant (1724-1804) fue un filósofo alemán cuya vida se definió por su inquebrantable dedicación a la razón, la verdad y el rigor intelectual. Kant creció en un mundo que cambiaba rápidamente, tanto política como culturalmente. A pesar de los desafíos de su época, Kant fue un hombre con un enfoque y una determinación singulares. Estudió filosofía, matemáticas y física en la Universidad de Königsberg y pronto se hizo famoso por su brillantez y originalidad.

Cuando Kant se emprendió su carrera como filósofo, se sintió impulsado por un ardiente deseo de descubrir las verdades fundamentales de la existencia. Pasaba largas horas en su estudio, estudiando textos y resolviendo problemas complejos, siempre tratando de llegar a una comprensión más profunda del mundo que le rodeaba.

La obra de Kant fue pionera, ya que cuestionó supuestos largamente arraigados sobre la naturaleza de la realidad. Sus principales obras, como *"Crítica de la razón pura"* y *"Crítica de la razón práctica"*, figuran entre los textos filosóficos más importantes de su época.

En *"Crítica de la razón pura"*, publicada en 1781, Kant intenta conciliar el racionalismo y el empirismo examinando la naturaleza y los límites del conocimiento humano. Kant distingue entre *phenomena* (apariencias) y *noumena* (las cosas tal como son), afirmando que nuestro conocimiento se limita al ámbito de las apariencias. Introduce el concepto de idealismo trascendental, sugiriendo que nuestras percepciones están conformadas por categorías innatas que estructuran nuestra experiencia del mundo. Kant también analiza las limitaciones de la razón y las contradicciones que surgen cuando la razón intenta ir más allá de los límites de la experiencia.

"Crítica de la razón práctica", publicada en 1788, se centra en la ética y la filosofía moral. En este libro, Kant cambia su enfoque de la razón teórica a la razón práctica, explorando específicamente la naturaleza de la moralidad y los fundamentos de la toma de decisiones éticas. Kant insiste en que la razón práctica, o la capacidad de emitir juicios morales y actuar en consecuencia, es fundamental para la libertad humana. Introduce el concepto de imperativo categórico, un principio moral que exige a los individuos actuar según máximas que pueden aplicarse universalmente sin contradicción.

Kant llevaba un estilo de vida modesto y frugal, y sus ingresos procedían principalmente de su trabajo como profesor en la Universidad de Königsberg, donde impartió clases durante la mayor parte de su carrera. Aunque Kant fue muy respetado como filósofo y sus obras obtuvieron un gran reconocimiento, no acumuló una gran fortuna. Kant se centró sobre todo en sus actividades intelectuales y sus escritos filosóficos, más que en las ganancias económicas.

Kant dejó un legado que ha seguido inspirando e influyendo a generaciones de pensadores y estudiosos. Sus ideas sobre la razón, la ética y la naturaleza humana siguen siendo tan relevantes hoy como lo fueron durante su vida, y sus contribuciones a la filosofía y la historia seguirán siendo alabadas en los siglos venideros.

Cesare Beccaria

Un retrato de Cesare Beccaria

https://en.wikipedia.org/wiki/File:Cesare_Beccaria.jpg

Cesare Beccaria (1738-1794) nació en Milán, Italia, y se convirtió en un hombre con un intelecto feroz y valor moral inquebrantable.

De joven, Beccaria se interesó por las ideas de la Ilustración, que destacaban la importancia de la razón y la libertad. Se sumergió en el estudio de la filosofía, la economía y el derecho. También estudió las obras de los grandes pensadores de su época, como Voltaire y Montesquieu.

Su libro "*De los delitos y las penas*" cuestionaba muchos de los postulados tradicionales de la justicia penal y sostenía que los castigos debían estar concebidos para disuadir del delito y no para vengarse. Beccaria también creía que el sistema jurídico debía basarse en los principios de igualdad y equidad.

Se trataba de unas ideas radicales que enfrentaron a Beccaria con las poderosas instituciones de su época. Sin embargo, no se dejó intimidar por el desafío y se entregó en cuerpo y alma a su obra, pasando años investigando meticulosamente y escribiendo su obra.

Al final, los esfuerzos de Beccaria merecieron la pena. Su obra se convirtió en uno de los libros más influyentes de su época, contribuyendo a configurar el mundo moderno tal y como lo conocemos hoy. Y aunque Beccaria ya no está, su legado sigue vivo, inspirando a generaciones de pensadores y eruditos a sobrepasar las fronteras de lo posible y explorar los límites del conocimiento humano

El legado de grandes hombres

Los grandes hombres de la Ilustración fueron pioneros que desafiaron la sabiduría convencional de su época y comenzaron una nueva era. Sus ideas han dejado una huella imborrable en nuestro mundo y siguen inspirándonos y guiándonos hoy en día.

Sus aportaciones a la filosofía, la ciencia, la economía, la literatura y la política siguen influyendo en nuestra comprensión del mundo. Al adoptar el pensamiento crítico, la libertad de expresión y el valor individual de cada persona, estos hombres extraordinarios sentaron las bases del mundo moderno en el que vivimos.

Al reflexionar sobre el impacto de estos grandes hombres, recordamos el poder del intelecto humano, la perseverancia y el coraje. Sus historias e ideas deberían inspirarnos para superar los límites del conocimiento, defender lo que es justo y luchar por un mundo mejor. Los grandes hombres de la Ilustración nos recuerdan que el progreso es posible y que, incluso ante la adversidad, tenemos el poder de forjar el futuro.

Capítulo 7 – Mujeres que desafiaron los límites de su época

Aunque Rousseau fue un gran pensador intelectual y muy conocido en su época, hizo una famosa afirmación sobre que las mujeres eran naturalmente inferiores a los hombres en cuanto a capacidad intelectual y estaban mejor preparadas para las tareas domésticas y las funciones familiares.

Durante la Ilustración, hubo un grupo de mujeres brillantes cuyas ideas y escritos desafiaron los roles tradicionales de género firmemente arraigados en la sociedad durante siglos. A pesar de enfrentarse a numerosos obstáculos y limitaciones, estas mujeres desafiaron las normas y expectativas sociales. Muchos de sus nombres se han perdido en las páginas de la historia, pero conocemos a varias mujeres cuyos aportes al avance de la sociedad y a la búsqueda del conocimiento son innegables.

Damaris Masham

Damaris Masham (1658-1708) fue una filósofa y escritora inglesa que mantuvo debates filosóficos con algunos de los principales pensadores de su época, entre ellos John Locke. Nació en el seno de una familia prominente y recibió una esmerada educación en lenguas, literatura y filosofía.

No se conoce mucho sobre su educación, pero tuvo la ventaja de nacer en una familia con una gran biblioteca y un padre que fue uno de los hombres más cultos de su generación. Aprendió por su cuenta francés, requisito indispensable para una dama de la época, y también latín

Damaris Masham escribió dos libros, *"Un discurso acerca del amor de Dios"* (1696) y *"Pensamentos ocasionales en referencia a una vida cristiana"* (1705), que se imprimieron de forma anónima. Ambos libros abordan temas filosóficos de actualidad en aquella época, como el amor y la virtud moral. Masham creía que los seres humanos son animales racionales y sociales y que están motivados por la búsqueda de la felicidad.

Insistía en la importancia de la revelación y la fe y negaba que fuera posible una religión basada exclusivamente en la razón. Sin embargo, también pensaba que las creencias religiosas que ignoran el papel de la razón crea superstición. Como ella misma afirma: "No se puede concebir racionalmente que una religión irracional proceda de Dios".

Lady Masham estaba especialmente interesada en los escritos de John Locke y se carteaba con él constantemente sobre temas que iban desde la política hasta la naturaleza del alma. Su cartas con Locke contribuyeron a dar forma a sus ideas y, a su vez, influyó en el desarrollo de la filosofía durante la Ilustración. Los escritos de Damaris Masham sobre filosofía y religión fueron muy valorados en el siglo XVIII, aunque han recibido menos atención en tiempos modernos.

Mary Astell

Mary Astell (1666-1731) fue una escritora y filósofa inglesa. Se la conoce sobre todo por su defensa de la educación de la mujer y sus aportaciones a la teoría feminista. Se la puede considerar una de las primeras feministas inglesas.

Astell comenzó su carrera como dramaturga. Más tarde se dedicó a la filosofía y escribió varias obras influyentes sobre educación e igualdad. Sus dos libros, *"Una propuesta seria para las damas"* (La primera parte se publicó en 1694 y la segunda en 1697) y *"Algunas reflexiones sobre el matrimonio"* (1700), la hicieron bastante famosa.

El primer libro, *"Una propuesta seria para las damas"*, es un llamamiento a la educación de las mujeres. Insta a las mujeres a hacer todo lo posible por adquirir conocimientos y desarrollar sus propias mentes y la capacidad de pensar por sí mismas, lo que las guiaría a llevar una vida virtuosa.

Astell tuvo problemas con las suposiciones culturales sobre la feminidad y la actitud popular sobre las mujeres. Según la mayoría de la gente (mujeres incluidas), las mujeres no demostraban el mismo tipo de capacidad intelectual que los hombres porque las mujeres estaban intrínsecamente más en sintonía con su cuerpo. A Astell le preocupaba que las mujeres no estuvieran preparadas para las cuestiones del mundo real y los problemas de la sociedad. En su lugar, se les enseñaban cosas triviales, como habilidades sociales para parecer femeninas y ser buenas esposas para sus maridos. La mujer media no recibía una educación que le permitiera desarrollar su capacidad de razonar.

Para mejorar esta situación, Astell abogó por la autodisciplina y la creación de una academia platónica donde las mujeres pudieran recibir una educación adecuada sobre religión y filosofía.

En su segundo libro, *"Algunas reflexiones sobre el matrimonio"*, examina la subordinación de la mujer en el matrimonio y su falta de libertad. Pidió a las mujeres que no se casaran y prometieran servir a los hombres o hicieran votos de obediencia. Consideraba este tipo de matrimonios como esclavitud y quería que las mujeres eligieran maridos que las trataran como iguales.

A los veinte años, Astell rechazó una propuesta de matrimonio de un hombre que no compartía sus intereses. Creía que le impediría crecer intelectualmente. Decidió quedarse soltera y dedicarse a escribir.

Las ideas de Astell eran radicales para su época, y se enfrentó a muchas críticas y oposición por parte de quienes creían que las mujeres debían limitarse a las tareas domésticas. Sin embargo, su obra inspiró movimientos feministas posteriores, y ha sido reconocida por su gran aportación al legado de la Ilustración respecto a la promoción de los derechos y libertades individuales.

Émilie du Châtelet

Émilie du Châtelet (1706-1749) fue una matemática y escritora francesa conocida sobre todo por su traducción y comentario de *"Principia Mathematica"* de Isaac Newton. Nació en el seno de una acaudalada familia aristocrática y recibió una esmerada educación en lenguas, literatura y matemáticas. Se casó con el marqués de Châtelet, pero su matrimonio no fue feliz, ya que vivieron separados. Sin embargo, tuvo muchos amantes. Uno de los más destacados fue Voltaire, a quien conoció en 1733. No sólo se convirtió en su amante, sino también en su compañero y mentor.

Du Châtelet estaba muy interesada en las ciencias naturales, especialmente en los escritos de Newton, Gottfried Leibniz (matemático alemán que desarrolló el sistema binario) y Christian Wolff (filósofo alemán). Sus avanzados conocimientos de física y matemáticas le permitieron comprender la física de Newton, algo que otras mujeres no habrían podido hacer. Contribuyó a que Francia se alejara de la física cartesiana, elaborada en su mayor parte por Descartes, para acercarse a la física newtoniana. Du Châtelet era también una científica que buscaba la base metafísica para la física newtoniana.

Se propuso traducir "*Principia*" de Newton al francés, un proyecto que le llevó varios años. A lo largo del proceso, añadió a la obra sus propios comentarios y reflexiones, que contribuyeron a aclarar y ampliar las ideas de Newton. La traducción y los comentarios de Du Châtelet contribuyeron a popularizar la física newtoniana en Francia y otros países, y tuvo un gran impacto en el desarrollo de la ciencia durante la Ilustración.

En 1737, du Châtelet se presentó a un concurso para explicar la naturaleza del fuego. Realizó experimentos para refutar que el fuego fuera algo material. Voltaire también realizó experimentos similares, aunque lo hizo por separado, para llegar a la misma conclusión. Ambos publicaron sus resultados y ambos ganaron premios. Otro científico, Leonhard Euler, se llevó el primer premio.

Emilie du Châtelet murió durante un parto a los cuarenta y dos años, en 1748. Su hija recién nacida murió unos veinte minutos después. Sus aportaciones a la física, las matemáticas y la filosofía durante la Ilustración, así como su defensa de los derechos de la mujer, son innegables. Su obra ha inspirado a generaciones de investigadores, sobre todo a mujeres que trabajan en el campo de la ciencia y las matemáticas.

Laura Bassi

Laura Bassi (1711-1778) fue una física italiana que se convirtió en la primera mujer en obtener un puesto universitario en el campo científico, lo que constituyó un logro extraordinario para la época.

Bassi era hija de Giuseppe Bassi, un abogado liberal de éxito. Bassi fue una niña extremadamente precoz. Recibió en casa una excelente educación privada en asignaturas muy difíciles, como matemáticas, latín, metafísica y filosofía.

En 1732, Bassi fue invitada por la Universidad de Bolonia para ser nombrada profesora titular de filosofía natural. Su increíble expediente académico y su capacidad eran tan espectaculares que no importó que fuera una mujer.

Unos seis años más tarde, Bassi se casó con Giovanni Giuseppe Veratti, médico y profesor. Se convirtieron en una pareja influyente en los círculos científicos. Bassi siguió trabajando en física, con un especial interés en las teorías de la mecánica clásica de Isaac Newton. Aunque escribió una treintena de artículos, sólo se publicaron cuatro.

Laura Bassi preparó el camino para futuras generaciones de mujeres en el mundo académico. También realizó importantes contribuciones al campo de la física y abogó por los derechos y la educación de la mujer.

Olympe de Gouges

Olympe de Gouges (1748-1793) fue una escritora y activista francesa. Es conocida por sus escritos feministas y su defensa de los derechos de la mujer.

De Gouges comenzó su carrera como dramaturga. Su obra más famosa, *"Declaración de los Derechos de la Mujer y de la Ciudadana"*, se publicó en 1791 como respuesta a "Declaración de los Derechos del Hombre y del Ciudadano" de la Revolución Francesa, que excluía a las mujeres. En su libro, de Gouges escribe: "si la mujer tiene el derecho de subir al cadalso, debe tener también igualmente el de subir a la Tribuna".

De Gouges defendía que las mujeres eran iguales a los hombres y debían tener los mismos derechos y oportunidades. Abogó por el acceso de las mujeres a la educación, la propiedad y el derecho al voto. También escribió sobre otros temas sociales, traspasando los límites de lo que se consideraba aceptable en el debate público.

No era filósofa, pero era conocida por su análisis moralmente inteligente del papel de la mujer en la sociedad, por su reimaginación de la intersección entre género y compromiso político, por su concepción de la virtud cívica y su postura pacifista, y por su defensa de la identidad de las mujeres, las personas de color y los niños. Fue una de las primeras en exigir la emancipación de los esclavos. Escribió sobre los derechos que merecían las mujeres, incluidas las divorciadas o madres solteras, y sobre la protección de los huérfanos, los pobres, los desempleados, los ancianos y los hijos ilegítimos.

Las ideas de De Gouges se adelantaron a su tiempo, y tuvo que hacer frente a críticas y a hostigamiento por sus puntos de vista. Aunque las ideas de De Gouges no fueron ampliamente aceptadas en vida, su trabajo inspiró movimientos feministas posteriores. Desafió las normas sociales y políticas imperantes en su época y abogó por la igualdad y la justicia para todas las personas.

De Gouges era consciente de los peligros que entrañaba hablar en contra del gobierno, pero se negó a permanecer callada. Escribió una carta al líder revolucionario Maximilien Robespierre en la que criticaba la violencia y el derramamiento de sangre del Reinado del Terror y pedía el fin de las ejecuciones. A pesar de los riesgos que corría, de Gouges continuó hablando en contra del gobierno y finalmente fue arrestada y acusada de traición. Fue ejecutada en la guillotina.

Mary Wollstonecraft

Mary Wollstonecraft (1759-1797) fue una defensora de los derechos de la mujer de Inglaterra en una época en la que las mujeres solían estar relegadas al márgen de la sociedad. Sus escritos desafiaron el statu quo y sentaron las bases de una nueva era de pensamiento y activismo feministas.

Wollstonecraft comenzó su carrera como traductora y periodista. Más tarde se dedicó a la filosofía y escribió varias obras influyentes sobre la educación y la igualdad de la mujer. Su obra más famosa, "*Vindicación de los derechos de la mujer*", se publicó en 1792 y defendía la igualdad de derechos.

En su libro, Wollstonecraft defendía sin miedo que las mujeres eran tan capaces como los hombres y merecían las mismas oportunidades educativas y los mismos derechos políticos. Sus palabras fueron una llamada a las armas para las mujeres de todo el mundo, inspirándolas a reclamar el lugar que les correspondía en la sociedad y a luchar por la igualdad.

Wollstonecraft sostenía que las mujeres no eran naturalmente inferiores a los hombres, sino que se veían frenadas por su falta de educación y oportunidades. Reclamó la creación de instituciones educativas para mujeres y defendió que estas debían tener acceso a las mismas libertades intelectuales y políticas que los hombres.

Continúa diciendo: "Consideraré en primer lugar a la mujer a la gran luz de las criaturas humanas, que, en común con los hombres, han sido puestas en esta tierra para desplegar sus facultades". También insistió en que es esencial para la autoestima de las mujeres que tengan derecho a ganarse la vida y mantenerse a sí mismas.

El libro tuvo un impacto significativo en el desarrollo de la teoría feminista y en los movimientos sociales y políticos más amplios de la época. Sus escritos ayudaron a inspirar a generaciones de mujeres a luchar por sus derechos y prepararon el terreno para los movimientos feministas de los siglos XIX y XX.

Además de su labor en pro de los derechos de la mujer, Wollstonecraft fue también una defensora de la justicia social y la reforma democrática. Creía en la importancia de la libertad individual y los derechos humanos, y sostenía que el gobierno debía estructurarse para promover el bien común en lugar de servir a los intereses de la clase gobernante.

Uno de los momentos más dramáticos de la vida de Wollstonecraft se produjo cuando viajó a Francia durante la Revolución Francesa. Allí fue testigo de los tumultuosos acontecimientos y se involucró con círculos políticos radicales. Se enamoró de un diplomático estadounidense llamado Gilbert Imlay. Conoció a Imlay cuando vivía en París y ambos iniciaron una convulsa relación. Aunque tuvieron un hijo, Imlay le fue infiel y su relación se vino abajo. En un estado de desesperación, Wollstonecraft intentó quitarse la vida saltando al Támesis en Londres. Fue rescatada por un transeúnte y sobrevivió a esta terrible experiencia.

El intento de suicidio de Wollstonecraft fue un momento crítico en su vida, pero también habla de los retos a los que se enfrentó como mujer durante la Ilustración. A las mujeres de su época se les negaba a menudo el acceso a la educación y a las oportunidades, y sus vidas personales estaban limitadas por las expectativas sociales. La lucha de Wollstonecraft por encontrar sentido a su vida nos recuerda la lucha por la igualdad de género y la importancia de luchar por los derechos humanos.

El legado de Mary Wollstonecraft sigue siendo reconocido y celebrado hoy en día. Sus contribuciones al feminismo, la literatura, la filosofía y la reforma social han tenido una profunda repercusión, y sus ideas siguen inspirando y modelando el discurso moderno sobre la igualdad de género, los derechos humanos y la justicia social. Su obra sigue siendo estudiada, debatida y celebrada por académicos, activistas y personas que buscan promover la igualdad y el cambio social.

Sophie Germain

Sophie Germain (1776-1831) fue una matemática francesa que realizó importantes contribuciones a la teoría de números y a la física matemática. Germain nació en el seno de una familia acomodada y mostró desde muy pronto sus aptitudes para las matemáticas. Sin embargo, como mujer, al principio se vio excluida de la educación regulada. Sin desanimarse, aprendió matemáticas por su cuenta y empezó a mantener correspondencia con los matemáticos más destacados de su época.

Su gran descubrimiento fue descubrir una forma de modelar las vibraciones de las superficies elásticas, lo que ayudó a explicar el fenómeno de la acústica musical. Germain hizo grandes aportes a la teoría de números, como su trabajo sobre el último teorema de Fermat, que había permanecido sin resolver durante siglos. A pesar de ser discriminada por su género, Germain persistió en su trabajo y acabó siendo reconocida como pionera en su campo.

Críticas contra estas mujeres

Los pensadores masculinos de la Ilustración tenían diversas opiniones sobre la mujer y su papel en la sociedad. Sin embargo, muchos de estos puntos de vista fueron determinados por creencias patriarcales profundamente arraigadas que hacían ver a las mujeres como inferiores a los hombres y las relegaban a papeles subalternos en el hogar y la familia.

Un ejemplo notable de esta perspectiva puede encontrarse en las obras de Jean-Jacques Rousseau. En su obra *"Emilio, o De la educación"*, Rousseau sostiene que la inclinación natural de la mujer es ser doméstica y cuidadora, y que es más adecuada para el papel de esposa y madre. Según Rousseau, la educación de la mujer debe centrarse principalmente en el desarrollo de sus cualidades morales y emocionales, más que en la adquisición de conocimientos o habilidades que le permitan participar más plenamente en la sociedad. Y Rousseau no era el único pensador de la Ilustración que pensaba así.

Resulta asombroso que estas mujeres fueran a contracorriente desafiando los roles y las expectativas tradicionales de género, afirmando su derecho a participar en las esferas intelectual y política. Estas pensadoras cambiaron las ideas predominantes de su época y contribuyeron con su trabajo a sentar las bases de una sociedad más justa. Su determinación, valentía y brillantez les ayudaron a dejar un legado que perduró para las futuras generaciones de mujeres.

Capítulo 8 – La Ilustración en Estados Unidos

No debería sorprendernos escuchar que la Ilustración estadounidense estuvo muy influenciada por la Ilustración europea. En el siglo XVIII, los colonos de las Trece Colonias se dieron cuenta de que nadie les escuchaba en el Parlamento británico. Con el paso del tiempo, se dieron cuenta de que querían algo más que "tiranía". Querían la independencia. Querían una democracia.

Famosos pensadores americanos de la Ilustración

Pero, ¿quién lideró el movimiento? ¿A quiénes se le ocurrieron las ideas de un gobierno autorrepresentativo y los derechos a la vida, la libertad y la búsqueda de la felicidad? Echemos un vistazo a algunos de los pensadores estadounidenses más influyentes de esta época.

Benjamin Franklin (1706-1790)

Retrato de Benjamin Franklin
https://en.wikipedia.org/wiki/File:Joseph_Siffrein_Duplessis_-_Benjamin_Franklin_-_Google_Art_Project.jpg

Casi todo el mundo conoce el nombre de Benjamin Franklin. Fue un científico, inventor y estadista estadounidense. Sus experimentos con la electricidad contribuyeron al avance de la ciencia durante la Ilustración. También inventó los bifocales y la estufa Franklin, diseñada para producir más calor y menos humo.

Franklin desempeñó un papel fundamental fuera del ámbito de la ciencia. Ayudó a redactar la Constitución de Estados Unidos y creó muchas organizaciones civiles, entre ellas el primer cuerpo de bomberos de Filadelfia. Aunque al principio tenía esclavos, más tarde abogó por la abolición y trató de integrar a los afroamericanos en la sociedad.

Franklin fue embajador en Francia y también trató con el Parlamento británico cuando intentó que derogara la Ley del sello. Franklin ha sido llamado con razón "el estadounidense más exitoso de su época". Creía en el conocimiento práctico y en la aplicación de la razón a la vida cotidiana, por lo que sus escritos e inventos reflejaban sus ideales ilustrados.

John Adams (1735-1826)

Otro de los Padres Fundadores de Estados Unidos fue John Adams. Fue conocido por su defensa de los derechos individuales y su apología del republicanismo.

Antes de convertirse en uno de los líderes de la Revolución Americana, Adams fue un abogado que hizo hincapié en el derecho de las personas a un abogado y en la idea de que uno es inocente hasta que se demuestre lo contrario. Incluso defendió a los soldados británicos implicados en la masacre de Boston, ganando su caso con éxito. Adams estaba en contra de la Ley del sello y también de la insurrección, al menos al principio. A medida que crecían las tensiones, su opinión cambió, especialmente cuando el gobierno británico quiso pagar al gobernador de Massachusetts en lugar de pagar a la asamblea legislativa de la colonia, ganándose así la voluntad del gobernador en favor de la Corona.

Adams no participó activamente en la guerra, sino que ejerció de diplomático en Europa, donde trató de conseguir apoyo para las tropas. Llegó a ser el primer vicepresidente y el segundo presidente de Estados Unidos. Perdió su reelección para otro mandato a la presidencia, en parte debido a las acusaciones de haberse vuelto demasiado despótico, ya que había aprobado leyes que restringían la inmigración y criminalizaban a quienes escribieran declaraciones negativas sobre el gobierno.

No obstante, Adams es recordado como un pensador de la Ilustración, y cabe destacar que de los doce primeros presidentes, Adams y su hijo fueron los únicos que nunca poseyeron esclavos. En una ocasión dijo : "A lo largo de toda mi vida he tenido tal aversión a la práctica de la esclavitud, que nunca he poseído un negro ni ningún otro esclavo, aunque he vivido muchos años... en los que esa práctica no era vergonzosa... y en los que me ha costado miles de dólares el trabajo y la subsistencia de hombres libres".

Thomas Paine (1737-1809)

A diferencia de Franklin y Adams, Thomas Paine no nació en las colonias. Nació en Inglaterra y se trasladó a las colonias en 1774, justo a tiempo para la Revolución Americana. Paine fue activista político, filósofo y escritor, y es conocido sobre todo por sus influyentes obras *"Sentido común"* y *"Los derechos del hombre"*.

"*Sentido común*", publicado en 1776, fomentó la idea de la independencia de Estados Unidos de Gran Bretaña. El folleto llegó a ser el más vendido en Estados Unidos, incluso cientos de años después. "*Los derechos del hombre*" defiende la Revolución Francesa, diciendo que una revolución debe producirse cuando un gobierno no apoya los derechos del pueblo.

Paine promovía los principios democráticos, los derechos individuales y la necesidad de reformas sociales y políticas. Sus escritos abogaban por el derrocamiento de la monarquía y el establecimiento de gobiernos democráticos, lo que influyó enormemente en la Revolución Americana.

Thomas Jefferson (1743-1826)

Retrato icónico de Thomas Jefferson
https://en.wikipedia.org/wiki/File:Thomas_Jefferson_by_Rembrandt_Peale,_1800.jpg

Thomas Jefferson es otro de los nombres más conocidos en Estados Unidos, principalmente por su trabajo en la Declaración de Independencia. Jefferson escribió muchas otras obras en las que destacaba la importancia de la libertad individual, la libertad religiosa y los ideales democráticos.

Pero adentrémonos en su obra más influyente: la Declaración de Independencia. Aunque Jefferson fue el autor original de la misma, fue editada por el Segundo Congreso Continental, por lo que no todas sus ideas iniciales llegaron al borrador final. Por ejemplo, Jefferson incluyó un pasaje sobre cómo el rey Jorge III había impuesto la esclavitud a las colonias. "Ha librado una guerra cruel contra la propia naturaleza humana, violando sus derechos más sagrados de vida y libertad de las personas de un pueblo lejano que nunca le ofendió". Al Segundo Congreso Continental le preocupaba que el artículo de Jefferson (que era mucho más largo que esa cita) molestara a las colonias del Sur, que dependían en gran medida de la mano de obra de esclavos. Querían que se aprobara la Declaración de Independencia, no que se estancara por algo a lo que ni siquiera la gente del Norte estaba dispuesta a renunciar del todo todavía.

La relación entre Thomas Jefferson y la esclavitud fue complicada. Todo el mundo sabía que tenía esclavos, pero también creía que esta práctica era perversa. Independientemente de su postura sobre la abolición, sus ideas sobre el gobierno y los derechos humanos, expresadas en la Declaración de Independencia, reflejaban los principios de la Ilustración y siguen influyendo en el pensamiento político estadounidense.

James Madison (1751-1836)

A menudo se hace referencia a James Madison como el "Padre de la Constitución", ya que desempeñó un papel clave en la redacción de la Constitución estadounidense, principalmente en la Carta de Derechos, que protege libertades individuales como la libertad de expresión, religión y prensa. Ayudó a organizar la Convención Constitucional, que contribuyó a la elaboración del revolucionario documento.

Madison estudió filosofía política en la escuela, acogiendo las ideas de la Ilustración. Al igual que otros pensadores de la Ilustración estadounidense, se sintió indignado por la Ley del Timbre. Aunque Madison sirvió en la Revolución Americana, su mala salud no le permitió participar en la mayoría de las batallas. Sin embargo, James era asombroso con la pluma, ayudando a crear los Papeles Federalistas y la Carta de Derechos, entre otros muchos ensayos y panfletos. La Carta de Derechos garantiza ciertas libertades y asegura la separación de poderes, ideales innegables de la Ilustración. La Primera Enmienda parece sacada de un libro de la Ilustración europea: "El Congreso no promulgará ninguna ley respecto al establecimiento de una religión, o que prohíba el libre ejercicio de la misma; o que coarte la libertad de expresión o de prensa; o el derecho del pueblo a reunirse pacíficamente y a solicitar al Gobierno la compensación de agravios".

Hubo muchos otros pensadores de la Ilustración estadounidense y Padres Fundadores que tuvieron una gran repercusión en la sociedad y en el gobierno de Estados Unidos, como Ethan Allen y Alexander Hamilton. Influyeron en los ideales y principios que dieron forma a la Revolución Americana, la formación de Estados Unidos como república democrática y la redacción de documentos clave, como la Declaración de Independencia y la Constitución estadounidense. Su énfasis en la razón, los derechos individuales, la tolerancia religiosa y la búsqueda del progreso sigue reflejándose en el pensamiento político estadounidense y en el gobierno democrático del país hasta nuestros días.

John Locke y su impacto en la Revolución Americana

Los pensadores americanos de la Ilustración se inspiraron en gran medida en los pensadores que les habían precedido, siendo John Locke quizá uno de los más influyentes. La filosofía política de Locke hacía hincapié en los derechos fundamentales individuales y en el contrato social entre los ciudadanos y el gobierno.

Las ideas de Locke fueron especialmente importantes a la hora de redactar la Declaración de Independencia. La afirmación de la Declaración de Independencia de que todos los individuos poseen ciertos derechos inalienables, incluyendo la vida, la libertad y la búsqueda de la felicidad, fue una afirmación hecha por Locke, salvo que Jefferson ajustó ligeramente su afirmación, sustituyendo "propiedad" por "felicidad". Las ideas de Locke sobre un gobierno con ciertos límites y la necesidad de que los ciudadanos tengan voz y voto en las decisiones que afectan a sus vidas desempeñaron un papel fundamental en la configuración de la Constitución de Estados Unidos.

En Francia, cuya revolución trataremos brevemente en el próximo capítulo, las ideas de Locke fueron acogidas por las masas que deseaban desafiar el poder de la monarquía y la aristocracia. La insistencia de Locke en los derechos individuales y en el contrato social sirvió de base a las reivindicaciones francesas de libertad, igualdad y fraternidad.

La Declaración de los Derechos del Hombre y del Ciudadano, otra declaración inspirada en parte en la filosofía de Locke, afirmaba que todos los ciudadanos nacen libres e iguales y poseen ciertos derechos inalienables, como la propiedad, la libertad de expresión y de religión.

La teoría del contrato social y el concepto de ley natural

La teoría del contrato social y el concepto de ley natural son dos conceptos de la Ilustración que tuvieron un gran impacto en el pensamiento político y social. La teoría del contrato social sugiere que los individuos deben llegar a un acuerdo para establecer la gobernanza y mantener el orden social.

Según esta teoría, las personas consienten a renunciar a algunas de sus libertades individuales a cambio de seguridad y protección, que serían proporcionadas por el gobierno. La teoría del contrato social se basa en la creencia de que las personas tienen derechos innatos que son inviolables.

Del mismo modo, el concepto de ley natural afirma que los principios éticos y morales son innatos en la naturaleza y se aplican a todos los seres humanos, independientemente de la cultura, la sociedad o la tradición. Estos principios se consideran evidentes y proporcionan una base para desarrollar sistemas sociales y políticos justos.

Tanto la teoría del contrato social como el derecho natural fueron ideas fundamentales durante la Ilustración estadounidense, así como durante la Ilustración europea. Estos conceptos proporcionaron una base para las ideas revolucionarias y desempeñaron un papel importante en el desarrollo de la gobernación democrática y los sistemas jurídicos modernos. Hoy en día, los principios de la teoría del contrato social y el derecho natural siguen suscitando debates sobre los derechos individuales, la justicia social y el papel de la gobernación en la sociedad.

Pero, ¿cómo pasó la Ilustración estadounidense de ser algo plasmado en un simple papel a algo que acabó provocando una revolución? ¿Cuál fue el detonante? Bueno, hubo bastantes, pero uno de los más conocidos fue la idea de que Gran Bretaña no debía gravar con impuestos a las colonias si los colonos no tenían representación. "Ningún impuesto sin representación" se convirtió en un grito de guerra contra el injusto Impuesto del Timbre, que fue uno de los principales catalizadores de la Revolución Americana.

El Impuesto del Timbre o del Sello

En 1765, el Parlamento británico promulgó el Impuesto del Timbre. Este impuesto obligaba a todas las imprentas coloniales a pagar un impuesto a los británicos por cualquier papel utilizado en la impresión en las colonias, incluyendo artículos como los naipes. Como recibo, debía fijarse en el documento un timbre fiscal en relieve.

Los colonos consideraron que el impuesto era ilegal porque ellos no tenían voz ni voto en el Parlamento, lo que significaba que la ley se aprobaba sin su participación. Se organizaron protestas en todas las colonias, amenazando con violencia a los recaudadores de impuestos. El Parlamento británico finalmente dio marcha atrás y derogó la Ley del Timbre en marzo de 1766, pero la reacción colonial preparó el terreno para el movimiento independentista estadounidense.

Con el paso del tiempo, se aprobaron más leyes injustas, como la Ley Townshend y la Ley del Té. Los bostonianos se rebelaron contra la Ley del Té organizando la Fiesta del Té de Boston, en la que arrojaron más de trescientos cofres de té al puerto. El gobierno británico se indignó y aprobó las Leyes Intolerables en 1774, a las que los colonos opusieron una fuerte resistencia. En septiembre, formaron el Primer Congreso Continental, que redactó un proyecto de ley en el que se exponían las quejas de los colonos y se pedía el boicot de los productos británicos. Los miembros del Primer Congreso Continental también escribieron una carta al rey pidiéndole que revocara las Leyes Intolerables.

Como el rey no respondió, y tras unos enfrentamientos en los que las fuerzas británicas intentaron arrebatar a los colonos sus armas y la pólvora almacenadas, se formó el Segundo Congreso Continental. La Revolución Americana había comenzado, y el Segundo Congreso Continental se puso a trabajar en la redacción de una constitución.

Las acciones tomadas por hombres y mujeres variaron dependiendo de cada persona. Los revolucionarios más fervientes, como los Patriotas, no tuvieron miedo de abogar por la violencia y las protestas desde el principio. Otros prefirieron una vía más conservadora, como la redacción de panfletos y las peticiones al Parlamento. La historia tiende a centrarse en los hombres durante este periodo, pero las mujeres también desempeñaron un papel importante. Por ejemplo, en 1765 se crearon las Hijas de la Libertad. Estas mujeres boicoteaban los productos británicos y fabricaban sus propios productos en casa. Muchos tejidos se importaban de Gran Bretaña, y las Hijas de la Libertad organizaban manifestaciones públicas en las que hilaban su propia ropa, concienciando a otras mujeres y hombres de que las colonias podían sobrevivir sin los productos británicos.

No entraremos en las batallas de la Revolución Americana en este libro, pero basta decir que los colonos ganaron. Consiguieron establecer una forma de gobierno democrática, con tres poderes separados y una constitución que sigue vigente hoy en día. Los colonos demostraron al mundo que era posible conseguir esa libertad. Por supuesto, esa libertad no se extendió a todo el mundo en aquella época, y las principales monarquías europeas tardaron bastante en caer o transformarse en otras más constitucionales, pero la Revolución Americana consiguió una gran aportación en el camino del progreso.

Las seis grandes ideas

Ahora vamos a analizar las seis ideas que constituyeron el núcleo de la filosofía de la Ilustración estadounidense. Algunas de estas ideas son similares a los ideales de la Ilustración europea, pero otras son exclusivas de las colonias americanas.

Republicanismo

El republicanismo era una filosofía política que enfatizaba la importancia de la virtud ciudadana y el bien común. Abogaba por un sistema de gobierno en el que los ciudadanos participasen en la vida pública y se priorizase el bienestar de la nación sobre los intereses personales. La Ilustración estadounidense hacía hincapié en la idea de una ciudadanía virtuosa que participara activamente en el proceso político y promoviera el bienestar de la comunidad.

Conservadurismo

El conservadurismo se refiere a la creencia en la preservación de las instituciones y valores tradicionales, incluyendo la religión, la jerarquía social y la monarquía. Aunque esta idea no fue tan dominante como otras, como el liberalismo y el republicanismo, el conservadurismo siguió desempeñando un papel vital en la configuración de la sociedad y la política estadounidenses durante la Ilustración.

Deísmo

El deísmo era un sistema de creencias religiosas y filosóficas que rechazaba la doctrina religiosa tradicional y abogaba por el uso de la lógica para comprender el mundo natural. Los deístas creían en un Dios distante e impersonal que creó el universo, pero que no interviene en los asuntos humanos. Enfatizaban la importancia de la razón y rechazaban los dogmas religiosos, abogando por un enfoque más racional y científico para comprender el mundo.

Tolerancia

La tolerancia era la idea de permitir la diversidad religiosa e intelectual y promover la libertad religiosa y de pensamiento. Durante la

Ilustración estadounidense se hizo cada vez más hincapié en la tolerancia religiosa, y muchos pensadores defendieron la separación de Iglesia y Estado y el derecho a practicar la religión sin temor a la persecución. Esta idea de tolerancia también se extendió a la diversidad intelectual, ya que los pensadores de la Ilustración creían en la importancia del discurso abierto y el libre intercambio de ideas.

Liberalismo

El liberalismo, al menos en el contexto de la Ilustración estadounidense, se refería a la creencia en la libertad individual, un poder del gobierno limitado y la protección de los derechos naturales. Los liberales estadounidenses de esta época estaban influidos por filósofos como John Locke. Creían que las personas tenían derechos inherentes, como la vida, la libertad y la propiedad, y que el gobierno existía para proteger estos derechos. Defendían la idea de un contrato social entre el pueblo y el gobierno, afirmando que el gobierno debía rendir cuentas al pueblo y tener poderes limitados.

Progreso científico

La Ilustración estadounidense se caracterizó por su gran énfasis en el progreso científico y la aplicación de la razón y la observación para comprender el mundo natural. Los pensadores de la Ilustración fomentaron el método científico como medio para comprender y resolver problemas y vieron la ciencia como una forma de descubrir las leyes que gobernaban el universo.

Estas creencias de la Ilustración contribuyeron a la creación de los principios que dieron forma a la Revolución Americana y al posterior desarrollo de Estados Unidos como república democrática. La Revolución Americana inspiró a otras personas a alzarse contra la tiranía, sobre todo en Francia.

Capítulo 9 – La búsqueda de la libertad y la igualdad

"Égalité, liberté, fraternité" era el grito de guerra que retumbaba en los bulevares de París. Parecía que el pueblo francés había llegado al límite de su paciencia a finales del siglo XVIII. La muchedumbre salió a la calle, armada con poco más que su feroz coraje y su tenaz determinación, y comenzó una búsqueda en pos de la libertad que cambiaría el curso de la historia en Francia y en el resto del mundo.

En el verano de 1789, las calles de París parecían un polvorín a punto de estallar. El ambiente estaba lleno de tensión e inquietud, ya que el pueblo francés hervía de ira y exasperación ante el despótico reinado de la monarquía.

Las multitudes se agolpan en las calles y permanecen allí mientras la tarde se convierte en noche. Se podían ver sus rostros iluminados por las llamas de las vacilantes antorchas que portaban. El clamor de sus voces airadas resonaba en los muros de la ciudad mientras gritaban sus consignas y pedían un cambio. Era como si presintieran que el cambio se avecinaba.

En medio del caos, había grupos de personas pacíficas, pero sus corazones estaban llenos de una profunda sensación de miedo e incertidumbre. Las madres se aferraban a sus hijos, y sus ojos escrutaban a la multitud en busca de cualquier señal de peligro. Los ancianos observaban con una mezcla de aprobación y desesperación, mientras que los jóvenes, hombres y mujeres, estaban repletos de una feroz determinación para luchar por sus derechos.

La tensión era palpable y la multitud avanzaba con los puños en alto en señal desafiante. Se oían ruidos explosivos de cristales rotos y se olía la madera quemada. Se rompen ventanas y se destrozan puertas. El olor a carne quemada y a humo llenaba el aire mientras pequeños fuegos se convertían en grandes hogueras en la calle a medida que la multitud se dirigía hacia la Bastilla para hacerse con las armas y la pólvora que allí se almacenaban.

A medida que avanzaba la noche, el caos no hacía más que aumentar. Los gritos de hombres y mujeres asustados se mezclan con los disparos en la oscuridad. Las fuerzas monárquicas se enfrentaron a las turbas revolucionarias y las calles se llenaron de sangre.

El caos y la devastación son absolutos. De repente, el pueblo francés se despierta de su letargo y parece decidido a luchar por sus derechos.

La Revolución Francesa había comenzado. Y el mundo nunca volvería a ser el mismo.

El rey Luis y María Antonieta

Luis XVI era el rey de Francia cuando se produjo la Revolución Francesa en 1789. Se casó con María Antonieta de Austria por motivos políticos cuando sólo tenía quince años. Llegó a ser rey en 1774, a la temprana edad de diecinueve años. Luis fue una persona competente, pero carecía de determinación y autoridad. No obstante, seguía siendo un monarca absolutista, y se considera que su gobierno fue corrupto y extravagante.

Aun así, llevó a cabo reformas radicales en todas las áreas del gobierno, incluyendo la religión, la política exterior y los asuntos financieros. Firmó el Edicto de Versalles de 1787, que otorgaba a los no católicos un estatus civil y legal en Francia y la oportunidad de practicar su fe. Probablemente podría habérsele considerado un gobernante ilustrado si no fuera por la agobiante deuda que Francia había contraído. Sus reformas financieras para sacar a Francia de la deuda fueron bloqueadas por los nobles y el parlamento. Pocos comprendían la grave situación financiera del Estado, y las cosas empeoraban día a día.

El rey Luis XVI y la reina María Antonieta vivían en el lujoso palacio de Versalles, alejados de los problemas de la gente. A medida que crecía el descontento de la gente, el rey Luis no hacía demasiado por entender los problemas económicos y financieros de su pueblo.

El derrochador estilo de vida de María Antonieta irritaba especialmente al pueblo. En 1789, tras ser informada de que la población francesa sufría escasez de pan y se moría de hambre debido a la mala cosecha, María Antonieta exclamó célebremente: "¡Que coman tarta!". Se cree que nunca pronunció estas palabras; la idea de que las dijo surgió décadas después de su muerte. Sin embargo, el pueblo sabía que ella gastaba enormes sumas de dinero en vestidos y juegos cuando ellos apenas podían permitirse comprar pan.

El Palacio de Versalles fue asaltado por una multitud enfurecida el 5 de octubre de 1789. La familia real fue capturada y llevada a París, donde se vieron obligados a aceptar sus nuevas funciones como monarcas constitucionales. Tras casi dos años de negociaciones, Luis y su familia intentaron huir de París hacia Varennes, pero su plan fracasó y los volvieron a capturar. Luis fue juzgado por alta traición y ejecutado en la guillotina el 21 de enero de 1793.

Su esposa, María Antonieta, fue ejecutada casi diez meses después, el 16 de octubre de 1793. La muerte de Luis marcó el final de más de mil años de monarquía ininterrumpida. Muchos han argumentado que fue un momento clave en la radicalización de la violencia revolucionaria.

La Revolución Francesa

Quizá se pregunte por qué hablamos de la Revolución Francesa en un libro sobre la Ilustración. Pues bien, la Revolución Francesa podría no haberse producido nunca de no ser por la Ilustración. La Revolución Francesa fue esencialmente el pensamiento de la Ilustración puesto en práctica. Los gritos a favor de la igualdad, la libertad y la fraternidad resonaron por las calles de París y más allá, mientras los insurgentes luchaban por formar una nueva sociedad basada en esos principios.

En el centro de la Revolución Francesa había un profundo sentimiento de injusticia y subyugación de las masas. El catalizador fue la hambruna y la escasez de grano debido a las malas cosechas y las plagas. Los insurgentes se enfrentaron a adversarios temibles, como la aristocracia, la Iglesia y otras potencias extranjeras, todos ellos decididos a mantener el statu quo. Pero a pesar de las adversidades, los insurgentes, impulsados por un profundo sentimiento de determinación y convicción en su causa, perseveraron.

La Revolución Francesa comenzó el 5 de mayo de 1789 con la convocatoria de los Estados Generales. Representantes de los tres estamentos de la sociedad francesa -el clero, la nobleza y el pueblo- se reunieron por orden del rey Luis XVI para abordar la creciente crisis financiera del país. Los Estados Generales no se reunían desde 1614.

Aunque se había prometido al Tercer Estado una mayor representación, pronto se dieron cuenta de que la representación prometida no sería suficiente para superar los votos del Primer Estado, cuyos miembros tenían opiniones opuestas sobre lo que sería mejor para Francia. Así que, en lugar de debatir con los otros dos estamentos, el Tercer Estado se reunió por su cuenta, declarándose finalmente como la Asamblea Nacional.

La Asamblea Nacional invitó a los otros estamentos a unirse, pero también les advirtió que continuarían con sus objetivos, con o sin ellos. Como era de esperar, al rey Luis XVI no le gustó este giro de los acontecimientos, ya que veía que el poder se le escapaba de las manos. Aunque intentó cerrar la Asamblea Nacional, no pudo. Y con el paso del tiempo, miembros de los otros estamentos (principalmente del Segundo Estado) se unieron a la Asamblea Nacional, pidiendo una constitución.

El rey envió al ejército con la esperanza de frenar el entusiasmo del pueblo. Sin embargo, esta medida sólo sirvió para enfurecerlos aún más. Exigieron al rey que retirara al ejército, pero el rey se negó y propuso trasladar la Asamblea Nacional a un lugar más seguro, alejado de la gente de París.

La situación fue empeorando hasta que se produjo el asalto a la Bastilla el 14 de julio de 1789. Como ya se ha mencionado, la Bastilla era una fortaleza y prisión de París que había llegado a representar la tiranía de la monarquía. En aquella época, la prisión sólo tenía siete reclusos, pero la gente no estaba allí para liberar presos políticos. Se trataba más bien de un ataque simbólico a la monarquía. La Bastilla también proporcionó a la turba armamento y munición.

La toma de la Bastilla se considera el punto de partida de la Revolución Francesa. El pueblo quería reformar el gobierno, crear una constitución y dotar al pueblo de libertades básicas. La idea debía sonar familiar, ya que era algo sobre lo que los pensadores de la Ilustración escribían a menudo. La victoria de los estadounidenses sobre los británicos fue también uno de los catalizadores de la Revolución Francesa. El pueblo francés vio que una revuelta podía tener éxito, incluso contra una gran potencia militar. Aunque el gobierno estadounidense era nuevo en aquella época, los franceses vieron el potencial de un gobierno reformado y la esperanza de conseguir algo mejor.

La Declaración de los Derechos del Hombre y del Ciudadano fue ratificada el 5 de octubre de 1789 por Luis XVI bajo la presión por los disturbios que habían estallado. Este documento sirvió de preámbulo a la primera Constitución de 1791.

La Declaración de los Derechos del Hombre y del Ciudadano se inspiró en los escritos de filósofos de la Ilustración como Jean-Jacques Rousseau, Montesquieu y Voltaire. Otras influencias fueron la Declaración de Derechos de Virginia de 1776 y el manifiesto del movimiento patriota holandés de la década de 1780. No obstante, los creadores de la Declaración fueron más allá que sus predecesores, ya que pretendían que los principios fueran de aplicación universal.

La Declaración consta de un preámbulo y diecisiete artículos breves. El primer artículo contiene la afirmación central del documento: "Los hombres nacen y permanecen libres e iguales en derechos". Establece que el propósito de la "asociación política" debe ser la preservación de estos derechos, siendo esos derechos "la libertad, la propiedad, la seguridad y la resistencia a la opresión." El documento protege la libertad de expresión y de religión y también establece la igualdad de trato de las personas ante la ley. También afirma que los impuestos deben ser pagados por todos los ciudadanos en función de sus posibilidades.

La situación fue bastante pacífica hasta que Luis XVI y su familia intentaron escapar. La gente temía que hubiera espías y traidores entre ellos, lo que provocó desconfianza. Surgieron grupos que amenazan la unidad de la revolución. Otros monarcas, temiendo que la revolución se extendiera, declararon su apoyo a Luis. Algunos incluso insinuaron que podían invadir Francia para ayudar a detener la revuelta.

Era necesario avanzar, y los franceses formaron la Asamblea Legislativa en octubre de 1791. Sin embargo, esta asamblea no fue muy fuerte. En su mayor parte, no tenía en cuenta a las personas por las que luchaba la Revolución Francesa: la clase obrera que era la más afectados por la escasez de pan. También había quienes pensaban que la Revolución Francesa había ido demasiado lejos; estas personas probablemente se sorprendieron de lo lejos que llegó.

Las guerras revolucionarias francesas comenzaron en abril de 1792, con las fuerzas francesas luchando contra austriacos y prusianos que estaban situados a lo largo de la frontera. Los franceses no tuvieron mucho éxito al principio, pero el Manifiesto de Brunswick, cuyos detalles se revelaron a principios de agosto, enfureció a los franceses. El manifiesto afirmaba que si se atacaba a la familia real, se atacaría a la población civil. Obviamente, el manifiesto debía intimidar al pueblo para que se sometiera. Pero tuvo el efecto contrario. Ese mismo mes, Luis fue destituido del trono. Aproximadamente un mes después, la Primera República Francesa reemplazó a la monarquía.

La situación se agravó rápidamente. Por ejemplo, en septiembre se ejecutó a más de mil prisioneros en las cárceles, ya que se pensaba que podían estar conspirando con Prusia. En enero de 1793, Luis XVI fue condenado a muerte, una medida que horrorizó a los monarcas europeos.

A estas alturas estaba claro que la Revolución Francesa se había transformado en algo que iba en contra de los "ideales" de la Ilustración. Es muy probable que los pensadores de la Ilustración se hubieran escandalizado ante la brutalidad que se produjo. Pero la realidad suele ser distinta a los nobles pensamientos que pueden surgir en un salón. Las fechas del Reinado del Terror difieren: algunos señalan su comienzo con la masacre de septiembre, otros en 1793, cuando se formó el Tribunal Revolucionario. Independientemente de cuándo comenzara, fue un periodo de intensa violencia, agitación y opresión política. Alrededor de diecisiete mil supuestos adversarios de la Revolución Francesa fueron asesinados, mientras que otros diez mil murieron en prisión.

El Reinado del Terror fue encabezado por el líder jacobino Maximilien Robespierre. Robespierre apeló a las ideas de la Ilustración para animar al pueblo, afirmando que un gobierno debía actuar por el bien del pueblo y no de determinados grupos. Sin embargo, Robespierre creía que la única manera de que eso ocurriera era eliminando a los que se oponían a esa idea. Bajo su punto de vista, el terror era la única forma de crear la Francia que él imaginaba.

Robespierre tenía varias metas que quería conseguir, como el derecho al voto para la gente de color y los judíos. Quería acabar con el comercio de esclavos en Francia y otorgar a los hombres el derecho a portar armas para defenderse. Durante el Reinado del Terror, Maximilien Robespierre adquirió un poder inmenso. Era brutal y generaba terror, pero en su mente, lo hacía por el bien de su país. Sin embargo, las rivalidades personales y los enfrentamientos con otros revolucionarios contribuyeron a su caída, lo que provocó su arresto y ejecución en julio de 1794.

En 1795 se establece el Directorio y una nueva constitución. El Directorio era un comité ejecutivo de cinco hombres que propició un periodo de relativa estabilidad política. Sin embargo, el Directorio fue incapaz de hacer frente a los continuos problemas políticos y económicos de Francia. Algunos lo consideraron una traición a aquello por lo que habían luchado. Fue disuelto por un golpe de estado de Napoleón Bonaparte en 1799.

Napoleón creó el Consulado, compuesto por tres asambleas. Aun así, Napoleón tenía mucho poder. En 1802, se autoproclamó Primer Cónsul Vitalicio, un papel parecido al de un dictador. Aunque la Revolución Francesa consiguió instaurar una república en 1792, esta fue derribada cuando Napoleón Bonaparte fue coronado emperador de Francia en 1804.

Napoleón Bonaparte

Napoleón Bonaparte es una figura interesante de la historia, y se le considera un autócrata ilustrado, por lo que merece la pena explorar sus antecedentes. Nació en la isla de Córcega en 1769, el mismo año en que Córcega llegó a ser territorio francés. En la escuela se burlaban de Napoleón por su acento y su lugar de nacimiento. Se volvió muy introvertido y se dedicó a sus estudios.

Y su duro trabajo dio sus frutos. Comenzó su carrera como subteniente del ejército francés en 1785. Gracias a sus conocimientos militares, fue ascendiendo y en 1793 llegó a ser general.

Durante la Revolución Francesa, Napoleón desempeñó un papel fundamental en varias campañas, y rápidamente adquirió notoriedad como un ingenioso estratega militar. En 1796, condujo al ejército francés a la victoria en Italia, a la que siguió una serie de campañas en Egipto y Siria, que no tuvieron el mismo éxito.

Napoleón se aseguró de estar al tanto de lo que ocurría en Francia mientras estaba de campaña en Egipto. Preocupado por la posibilidad de perder Francia tras enterarse de sus derrotas en las guerras revolucionarias francesas, se embarcó de vuelta a Francia, aunque no había recibido órdenes de hacerlo. Cuando llegó, la situación se había estabilizado, pero Napoleón tenía claro que el Directorio no estaba en condiciones de dirigir; ni siquiera podía castigarle de manera adecuada por haber abandonado a sus hombres.

Quizás fue entonces cuando una idea empezó a revolotear en su mente. Se reunió con otras figuras influyentes para discutir sobre un golpe de estado, que tuvo lugar en noviembre de 1799. Se convirtió en Primer Cónsul durante diez años, pero más tarde decidió prorrogar ese mandato de por vida. Luego dio un paso más y se declaró emperador.

Como emperador, Napoleón impuso una serie de reformas profundas que transformaron Francia en un Estado moderno y centralizado. Creó un nuevo sistema judicial llamado Código Napoleónico, que establecía la igualdad ante la ley y garantizaba los derechos de propiedad del pueblo. También cambió la infraestructura educativa, instituyó un sistema de proyectos civiles y propagó la expansión y el crecimiento económicos. Creó el primer banco central y trató de aliviar las tensiones con la Iglesia católica, cuyos clérigos habían sido blanco de ataques durante la Revolución Francesa. Por supuesto, como cualquier déspota ilustrado, Napoleón tuvo algunos percances. Uno de sus actos más tiránicos fue reinstaurar la esclavitud en el Caribe. Finalmente, esto no llegó a afectar al pueblo de Haití, puesto que se sublevó y creó su propio gobierno sin esclavitud en 1804. Aunque Napoleón abolió posteriormente el comercio de esclavos durante los Cien Días, su legado en lo relacionado con la esclavitud no es visto con buenos ojos.

Las conquistas militares de Napoleón ampliaron los límites de Francia, pero al hacerlo se granjeó muchos enemigos, el principal fue Gran Bretaña. Hoy en día, Napoleón es considerado un genio militar, y sus batallas y tácticas son estudiadas por eruditos y aficionados al ejército. Sufrió derrotas, pero en una carrera militar en la que luchó en más de ochenta batallas, solo perdió once. Sin embargo, fue derrotado en 1814 y obligado a abandonar el trono. Fue exiliado a la isla de Elba.

No obstante, Napoleón no se conformó con quedarse quieto. Regresó a Francia en 1815, donde recuperó brevemente el poder en una fase reconocida como los Cien Días. Fue derrotado en la famosa batalla de Waterloo, en junio de 1815, y exiliado de nuevo, esta vez a la isla de Santa Elena, en el Atlántico Sur. Allí murió siendo un prisionero en 1821, a la relativamente temprana edad de cincuenta y un años. El final de las guerras napoleónicas se suele usar como fecha de finalización de la Ilustración, aunque algunos sostienen que terminó antes.

Conclusión

La era de la Ilustración fue un periodo de grandes cambios en la que se adoptó la racionalidad y la autonomía personal. Los filósofos de la Ilustración creían en el derecho a la vida, la libertad y la propiedad. Defendían el concepto de democracia y el estado de derecho. También creían que el gobierno debía basarse en el consentimiento de los gobernados y que las leyes debían crearse mediante un proceso lógico y democrático.

La Ilustración dio origen a un mundo completamente diferente a todo lo que existía antes. Se hicieron inventos y descubrimientos que cambiaron la forma de ver el mundo. Las ideas sobre nuevas formas de gobierno desafiaron el statu quo y obligaron a la gente a pensar de forma más crítica. Las mujeres se esforzaron por ser vistas y escuchadas de maneras distintas a las anteriores, sentando las bases de los futuros movimientos sufragistas. La Ilustración cambió muchas cosas, pero sobre todo sentó las bases de un mundo nuevo, un mundo seglar, experimental, individualista y, sobre todo, progresista.

Resulta bastante difícil imaginar cómo habría sido el mundo sin la Ilustración, ya que fue un movimiento complejo que tuvo grandes repercusiones en muchos campos diferentes. Sin embargo, podemos hacer algunas conjeturas.

Sin la Ilustración, los principios de libertad, separación de poderes y tolerancia religiosa no habrían estado tan arraigados en la cultura occidental como lo están hoy. Las creencias religiosas y supersticiosas podrían haber tenido un impacto mucho mayor en el pensamiento de la gente de hoy. El progreso científico y las innovaciones tecnológicas no habrían avanzado de forma tan asombrosa.

Sin un énfasis en el razonamiento empírico y la experimentación, nuestra comprensión del mundo natural podría ser hoy mucho más limitada. Por ejemplo, quizá nunca hubiéramos descubierto la insulina ni conocido la estructura del átomo.

Sin la influencia de pensadores de la Ilustración como John Locke y Montesquieu, muchos países seguirían probablemente gobernados por dictadores o monarcas, y el concepto de derechos humanos no habría tenido la aceptación generalizada que tiene hoy.

Y la ausencia de derechos fundamentales habría significado un sistema jurídico que no beneficia al pueblo. Este hipotético sistema jurídico probablemente no habría dado importancia a la protección del acusado, lo que habría dificultado que las personas demostraran su inocencia. Las leyes de muchos países podrían haberse inclinado fuertemente a favor del Estado, facilitando que las autoridades encarcelaran o torturaran a ciudadanos e incluso a familias enteras. Las penas habrían sido probablemente más severas, con largas condenas e inhumanas penas de prisión y ejecuciones salvajes.

No se puede exagerar el impacto de la Ilustración en el mundo moderno. Fue un periodo de gran emoción, en el que pensadores de todo tipo se reunieron para cuestionar las viejas formas de pensar y crearon nuevos caminos hacia una sociedad más razonable y humana.

Estos conceptos influyeron enormemente en las revoluciones de Francia y Estados Unidos. Después de todo, la Declaración de Independencia se basó en gran medida en la filosofía de la Ilustración, en particular en la filosofía de John Locke, que creía que todo individuo tenía derecho a la vida, a la libertad y a la propiedad. La Revolución Francesa buscaba la libertad, la igualdad y la fraternidad. Estos conceptos y valores se inspiraron directamente en pensadores de la Ilustración como Rousseau y Voltaire.

Sin la Ilustración, estas revoluciones podrían no haberse producido o podrían haber dado lugar a algo totalmente distinto. ¿Se habría inspirado Thomas Jefferson para escribir la Declaración de Independencia sin las ideas de John Locke como guía? ¿Se habrían rebelado los franceses sólo para sustituir a su gobernante por otro rey? Se trata, por supuesto, de hipótesis, pero es interesante reflexionar sobre ellas.

Aunque es difícil argumentar con certeza qué habría ocurrido sin la Ilustración, está claro que las ideas y los valores de la Ilustración tuvieron un profundo impacto en la historia.

Vea más libros escritos por Enthralling History

Bibliografía

The Internet Encyclopedia of Philosophy
https://iep.utm.edu/

Britannica
https://www.britannica.com/

Stanford Encyclopedia of Philosophy
https://plato.stanford.edu/

Reill, Peter Hanns (2004), Encyclopedia of the Enlightenment, New York, Facts On File, Inc.

S. Pinker (2018) Enlightenment Now, New York, Penguin Random House.

A, Gottlieb, (2016) The Dream Of Enlightenment. New York, W. W. Norton & Co.

A, Gottlieb, (2016) The Dream Of Reason, New York, W. W. Norton & Co.

V. Ferrone, (2015) The Enlightenment, New Jersey, Princeton University Press

S. Fleischacker, (2013) What is Enlightenment?, New York, Routledge

R. Wokler (2001) Rousseau, A Very Short Introduction, New York, Oxford University Press

A.J. Ayer (2000) Hume, A Very Short Introduction, New York, Oxford University Press

John Dunn (1984) Locke, A Very Short Introduction, New York, Oxford University Press

Roger Scruton (1986) Spinoza, A Short Introduction, New York, Oxford University Press

www.ingramcontent.com/pod-product-compliance
Lightning Source LLC
Chambersburg PA
CBHW070340010526
44107CB00004B/561